主な登場人物

糸数 和彩（いとかず かずさ）
カジュアル衣料品店「ナチュレル」本社・
マーチャンダイジング部課長
理屈屋で、コミュニケーションが苦手。
バーMOONSHOTの常連。

近藤 悠人（こんどう ゆうと）
バーMOONSHOTで、和彩と出会う。
元和彩の部下だった凜から「師匠」と
慕われていた人物。

鬼澤 愛兎
（おにざわ あいと）
「ナチュレル」本社・
マーチャンダイジング部勤務
強面に似合わずおとなしく、繊細で、
かわいいもの好き。

若狭 豪
（わかさ ごう）
「ナチュレル」本社・
マーチャンダイジング部勤務
チームの最年少。
童顔で頼りなく見えるが、天才肌。

上原 士郎
（うえはら しろう）
「ナチュレル」本社・
マーチャンダイジング部部長
思慮深い。

益子 育歩
（ますこ いくほ）
「ナチュレル」本社・
マーチャンダイジング部勤務
２児の母。現在、時短勤務。
楽天家で、チームのムードメーカー。

バー
MOONSHOT
店長
聞き上手でいつも、
和彩の愚痴を聞いている。

＊このマンガはフィクションです。

はじめに

チームを活性化し成果を上げるために、リーダーは部下とどう向き合い、部下に対してどのような働きかけをすればいいのか。

本書は、その実践的な方法をまとめた拙著『教える技術 チーム編』（２０１４年７月刊行）のマンガ版です。

主人公は、国内外に支店を持つカジュアル衣料品店「ナチュレルル」の本社・マーチャンダイジング部門で課長をつとめている糸数《いとかず》和彩《かずさ》さん。エリアマネージャーとしての実績を買われ、現在の役職に抜擢されたのですが、メンバーとの関係はぎくしゃくしていて、チームとしての成果も上がっていません。そんな状況の中で出会った「教える技術」を半信半疑ながら実践していったところ、和彩さんとメンバーの間にあった見えない壁のようなものは少しずつ消えていき、やがて部署内に活気が出てきます。

和彩さんに限らず、昨今のチームリーダーは大変です。プレイングマネージャーとして自ら多くの仕事をこなしつつ、能力も性格も価値観もバラバラなメンバーたちをまとめ、結果を出すことを要求されているのですから。

『教える技術 チーム編』は、そんなリーダーのみなさんのチームマネジメントを、シンプルかつ効果的なものに変えていく手引書です。

チームで業績を上げるためにリーダーがすべき最大のミッションは、「成果が上がる望ましい行動」を見つけ、その行動をメンバーに繰り返し実践させること。

これができれば、チームの業績は必ずアップします。なぜならチームの成果は、メンバーたちの「行動」の積み重ねによって成り立っているからです。

着目するのは、あくまでも「行動」。シンプルですよね。メンバーの性格や価値観に関して頭を悩ませる必要なんて、まったくありません。

そして、本書の裏テーマとも言えるのが「コミュニケーション」の問題。これもまた、多くのリーダーたちが抱えている悩みで、和彩さんも頭を抱えています。

本書では職場内で必要なコミュニケーションを「仕事で成果を出すためのコミュニケーション（報連相、会議、部下へのフィードバックやアドバイスなど）」と「チームメンバーと信頼関係を築くためのコミュニケーション」の２つに分け、それぞれに関して具体的な実践法をご紹介していきます。

口下手な人でも、〝あまり相性がよくない部下〟を持っている人でも、無理なく、読んだその日からトライできる方法ばかりです。

各章ごとにマンガのあとには解説文を載せていますが、マンガを読むだけでも行動科学マネジメントや『教える技術　チーム編』のエッセンスがつかめるつくりになっていますので、まずは肩の力を抜いてパラパラとページをめくってみてください。

本書との出会いをきっかけに、リーダーとしての悩みが軽くなり、あなたの毎日がチームメンバーと働く喜びで満たされることを願っています。

２０１５年11月吉日

行動科学マネジメント研究所　所長　石田淳

マンガでよくわかる 教える技術2
〈チームリーダー編〉

Contents

staff
カバーデザイン●井上新八
本文デザイン・DTP●二ノ宮 匡(ニクスインク)
マンガ制作●トレンド・プロ/ブックスプラス
作画●temoko
シナリオ●akino
協力●木村美幸
Special thanks●肥後 智恵美

Prologue

チームが変わるために上司がやるべきこと

Story0 リーダーに求められるものとは？
カジュアル衣料品店「ナチュレル」本社会議室
エリアマネージャーとして担当店舗を売り上げナンバーワンにしたマネジメント力に期待して
君をマーチャンダイジング部の課長に抜擢したんだけどね…
この程度しか結果が出せないとは…
ハァ〜
ナチュレル マーチャンダイジング部 部長 上原《うえはら》 士郎《しろう》
残念だよ
申し訳ございません
しゅん。。。
ナチュレル マーチャンダイジング部 課長 糸数《いとかず》 和彩《かずさ》

君に期待しているのは
ズバリ
「イノベーション」だ
新たな発想で挑戦して結果を出してほしいんだよ
何か言いたいことはあるかい？
実はメンバーに問題がありまして…
指示には従ってくれないし成果も上げてくれない
今の状態ではチームとは呼べません
それは自身のリーダーとしてのマネジメント能力の低さを露呈している…
とも受けとれる意見だが…
フム
ニヤリ
それでいいのかな？
はっ
あわわ
いえ決してそういうつもりでは〜〜っ

バー
MOONSHOT
BAR MOONSHOT
イラ
イラ
――ったく
私は事実を言っただけよ！何が悪いってのⁱ⁇
コトッ
チェイサーです
ちょっとマスター私頼んでないわよ？
そろそろ必要かと思いまして…
ニコッ
うぐっ
以前、地域最下位だったお店をトップにまで育てたんですよね？
今度もあなたならできますよ
……会社では言えないけどあれは店長の子に助けられただけよ…

『マンガでよくわかる教える技術』の主人公
その子も海外に転勤しちゃったしネ
明るさと元気が取り柄!!
神吉《かみよし》凛《りん》
和彩の元部下
私って実はリーダーに向いてないのかしら…
ずーん
いらっしゃいませ!
空いてますか?
こちらのお席にどうぞ
ガタッ
あら!!
失礼
あら!ちょっとイイ男!
ペコッ
——ってどこかで見覚えが…
はっ

あっ
ガサゴソ
コンサルタントに訊く
える技術」
敏腕コンサルタントの近藤悠人氏(48)
パラパラ
あの…
この雑誌に出ている方ですよね!?
行動科学マネジメントの人だ!!
以前うちの部下の神吉凜《かみよしりん》がお世話になりました
ああ、神吉さんの
NEWS
実は…
私も聞きたいことがあるんです

つまり糸数さんの悩みをひと言で言い表すと「リーダーとしてチームをまとめ上げ成果を出していくにはどうしたらいいか」ということですよね
そう！そうなんです
私1人でならできることも
組織でとなるといろんな人がいるから…
とくにうちは曲者ぞろいで…
なるほど…
では糸数さんはリーダーに求められるものって何だと思いますか？
えっと…長期的な戦略とかチャレンジ精神とか…
そういうのも大事ですね

私がもっとも大切だと思うのは
〝部下からの信頼〟です
でも信頼されることと業績は関係するんでしょうか？
もし部下であるメンバーが〝自ら進んで行動する〟ようになれば
自発的な行動
今より成果は上げられそうですよね？
まあ…
はー
やらなきゃ…
やるぞー
4倍
「Have to do」の状態
「Want to do」の状態
実際「〜しなければならない」という「Have to do」の状態と「Want to do」の状態とではパフォーマンスに4倍もの差が出ることがわかっているんです
4倍も!?
やらされ感に満ちた「Have to」なチームを自発的に動く「Want to」のチームに変えるために必要なのが上司であるあなたへの信頼なのです!!
ドキッ
うっ…

でも部下からの信頼なんてどうやったら得られるか…
大丈夫!!
「行動科学マネジメント」による「教える技術」を用いれば
どんな人でも部下の信頼を得られ
成果の上がるチームをつくることができるんです!
──っ
ボソッ
言い切りましたね?
?
なら証明してください!!
私でもできることを!!
ガタッ
ええっっ
ここのお代ならいくらでも払いますから～♪
お願いします!!
よかったですね

Prologue 1

今いるメンバーで成果を上げるために

≫どうやって今のメンバーで業績を改善するか

「チームのメンバーが成果を上げてくれない」

「どうして、私は部下に恵まれていないのだろう…」

このストーリーの主役・糸数和彩さんは、世の多くのリーダーたちと同じく、なかなか成果を上げられないチームメンバーについて頭を悩ませていました。

和彩さんが勤めているのは、全国各地で店舗を展開し、数年前には海外進出も果たしたカジュアル衣料品店「ナチュレル」。エリアマネージャーとしての実績が評価され、3カ月ほど前から、本社・マーチャンダイジング部門の課長職に就いています。

同じリーダーでも、たとえばプロスポーツのチームのリーダーであれば、試合相手によってスターティングメンバーを組み替えたり、不調のメンバーをイキのいい若手と交代させたり、といったことができます。

一方、人件費削減でリストラがすすみ、人員に余裕などない一般企業のリーダーにとって、そんなチームづくりは夢のまた夢。しかも日本の少子化は歯止めが利かない状況ですから、優秀な人材の確保が今後ますます難しくなることは明らかです。


では、リーダーたちはどうすればいいのでしょう？

まずは「今のチームがすべて」と覚悟を決めることです。そのうえで、現在のメンバーで業績を上げるための方法を見つけ、実践していくしかありません。

≫チームのメンバーの「8割」の底上げを！

このようにチーム力を考えるとき、ひとつの指針になるのが「2：6：2の法則」です。どんな組織でも、優秀な2割と平凡な6割と〝問題がある2割〟が存在するという考え方で、「2割8割の法則」「ニハ

チの法則」などと呼ばれることもあります。

仕事の結果だけに着目する成果主義の場合、リーダーから常に注目され、成果を上げるたびに賞賛されるのは、上位2割の優秀な社員ばかり。

残り8割の社員たちは、努力がなかなか実を結ばず、高い評価を得るチャンスもほとんどありません。

もし本気でチームの総力を高めたいのであれば、リーダーが注力すべきなのは上位2割ではなく、残りの8割（平凡な6割＋問題がある2割）です。

これは学校の成績に当てはめればよくわかります。

テストでいつも90点前後をとっている上位2割の生徒全員に100点をとらせるより、平均50点程度しかとれていない8割の生徒の点数をそれぞれ10点引き上げるほうが、クラスの総得点数ははるかに高くなります。

この8割の〝ごく普通の社員〟を伸ばすのに極めて有効なのが、「教える技術」のベースである「行動科学マネジメント」です。仕事の結果ではなく「行動」に注目し、そこに働きかけることで、それぞれの社員の業績アップや成長をかなえます。

2割8割の法則

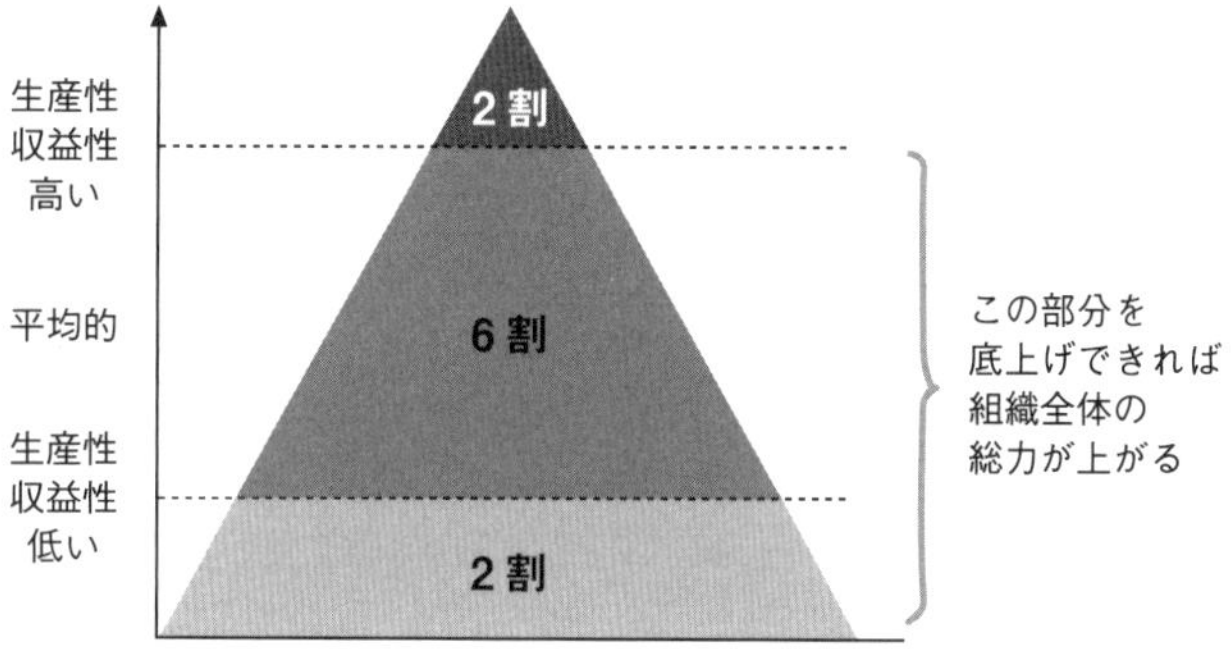

「8割の社員の底上げをし、チーム全体の業績を上げる」。

チーム力に悩むリーダーは、ぜひこのことを胸に刻み、これからの部下マネジメントを行ってください。

Prologue 2

部下の「やらされ感（Have to）」を「やりたい！（Want to）」に変えよう！

≫「Want to do 曲線」と「Have to do 曲線」

上位2割のハイパフォーマーと、残り8割の社員の間には、どんな違いがあるのでしょうか？　行動科学では、これを「自発的行動（ディスクレーショナリー・エフォート）」という概念で説明しています。

上位2割の社員と、問題がある2割の社員の〝仕事に対する自発的行動〟を可視化したのが、左ページの図です。「最低限の要求」と書かれている線は、上司（または会社側）が社員に「せめてここまではクリアするように」と要求している最低ライン。

2本の曲線のうち、初めから右肩上がりで、時間の経過とともに着実に成果を上げているのが「Want to do 曲線」で、「仕事が楽しい」「やりたい」という自発的な意欲が高いと、生産性はこのように時間とともに高まっていきます。

自発的行動（ディスクレーショナリー・エフォート）

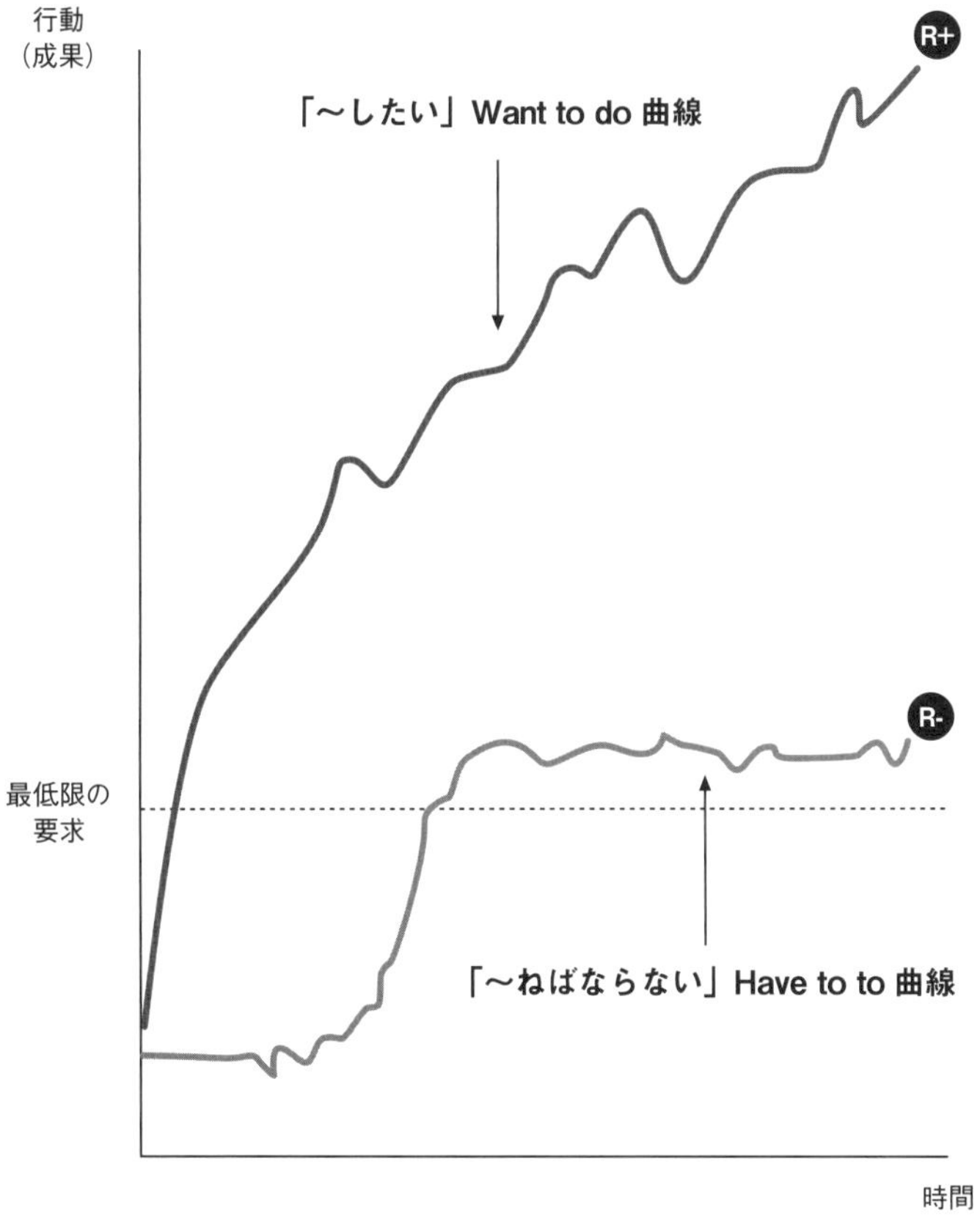

下の曲線は「上から言われたから、やらなければならない…」「ほんとはやりたくないなぁ」と思いながら仕事をしている社員の「Have to do 曲線」です。立ち上がりが遅く、どれだけ時間が経っても「最低限の要求ライン」＝〝なんとか上司に叱られずにすむレベル〟の生産性しか発揮しません。

言うまでもありませんが、「Want to do 曲線」が上位2割、「Have to do 曲線」が問題がある2割の〝自発的行動〟に相当します。「2：6：2」のまんなかの〝平凡な6割〟は、この2つの曲線の間に位置すると考えられます。

自発的な行動が、すぐれた成果をもたらすのはなぜでしょうか？　人間は誰でも「やりたいこと」「好きなこと」には、集中して取り組みますし、誰も見ていなくても、手を抜くことはありません。そのため、当然ながら生産性は上がります。

本を読むのが趣味の人は、多忙なときでもなんとか時間をやりくりして読書の時間をつくり出しますし、釣り好きの人はたとえ朝が苦手でも、海に出る日の早起きはまったく苦にならないでしょう。

反対に「やりたくないけれど、やらなきゃいけないこと」に対しては、できるだけラクをしながら最低限のラインを目指すのが人間というもの。しかも、片付けが苦手な人ならなかなか片付けを始めませんし、学生なら苦手なテーマの作文を課されたら、規定の枚数を文字で埋めることだけを考えるでしょう。

当然ながらこのように嫌々やる行動が、素晴らしい成果をもたらすことはほとんどありません。あなたもきっとこういった経験をしているはずです。

メンバーが自発的に動くためには、〝信頼できる上司〟が必要

このように自発的な行動は生産性が自ずと高まるので、「Want to do 曲線」と「Have to do 曲線」の差は時間と共に大きくなり、そのパフォーマンスには約4倍の差が出るとも言われています。

ですから、チームの業績アップのためには、〝やらされ感（Have to～）〟

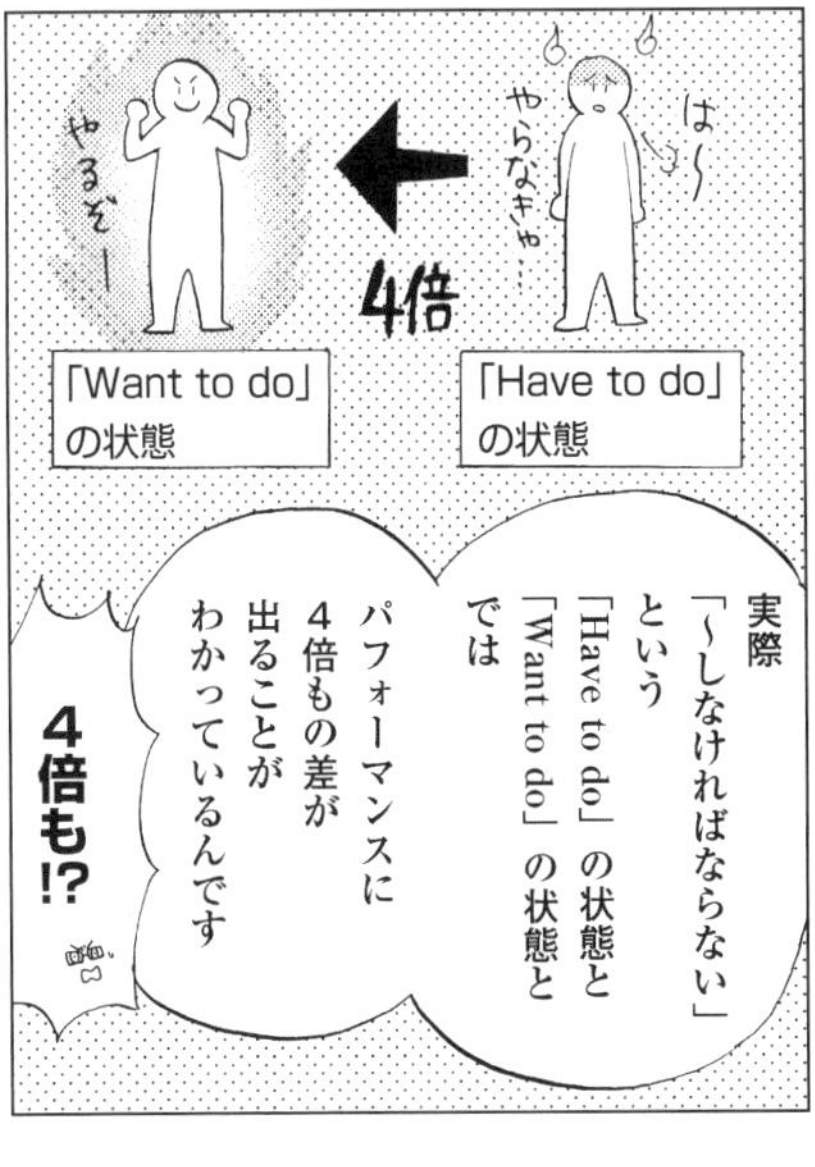

はー
やらなきゃ…
やるぞー
4倍
「Have to do」の状態
「Want to do」の状態
実際
「～しなければならない」という
「Have to do」の状態と
「Want to do」の状態とでは
パフォーマンスに
4倍もの差が
出ることが
わかっているんです
4倍も!?

で仕事をしている社員を、仕事が〝やりたい状況（Want to〜）〟に変化させればいいのです。

ここで、勘違いしてほしくないのですが、これは社員の「性格」を変えるという意味ではありません。ターゲットはあくまでも社員の「行動」です。

さまざまな方法によって、社員が自分の仕事を「やりたいこと」「好きなこと」として、自発的に行動し続けるような環境をつくり出すのが、リーダーが目指す行動科学マネジメントの基本となります。

「Have to」を「Want to」に変える〝さまざまな方法〟の具体的な内容については、これからのストーリーの中で少しずつ明らかになっていきますが、いずれの方法にも共通していることがあります。それは、「部下の働きぶり（行動）を認め、評価する」というリーダーの姿勢（行動）です。

そのために欠かせないのは、部下の上司に対する信頼。

「リーダー（上司）が、僕（私）の行動をしっかりと認めて評価してくれるから、仕事が楽しいし、自発的にどんどん行動していける」と、部下が実感できることが大切です。

マンガStory0にある「リーダーには、長期的な戦略やチャレンジ精神も大切だが、もっとも大切なのは部下からの信頼である」という和彩さんへの忠告には、こういう意味があったのです。

Column

ちょっとひと休み その1

リーダーは人の上に立つ権力者ではない

リーダーを任されたとたん“権力を持った”“チームのメンバーより一段レベルの高い地位についた”と勘違いしてしまう人がいます。こういうリーダーが率いる組織では、メンバーは最高のパフォーマンスを発揮してくれませんし、チームの雰囲気には活気が感じられません。

リーダーというのは、単なる役割。

マーケティング担当者は市場を調査してデータをまとめるのが主な業務で、プロモーション担当者はさまざまな媒体を通じて商品を売り込むのが役目…。

それと同じように、リーダーは“リーダーという業務”を受け持っているに過ぎません。

もちろん、緊急事態が起きたときなど、トップダウンが必要なときもあるでしょう。

しかし、普段はできる限りフラットな組織を目指すこと。

そうすることで、メンバー1人ひとりが自発的に仕事に取り組める環境が整い、チームは活性化し、おのずと成果も上がるようになります。

やらされ感に満ちた「Have to」なチームを自発的に動く「Want to」のチームに変えるために必要なのが上司であるあなたへの信頼なのです!!
ドキッ
うっ…

Chapter

1

信頼される上司の条件

Story1 仕事の成果は「行動」の積み重ね

今日のお昼食べる時間がなくって…
もーっ
バダン
すみませーん ちょっと調べ物していて
遅れちゃいました…
マーチャンダイジング部
若狭《わかさ》 豪《ごう》 29歳
会議の予定は事前に伝えてあったでしょ!? 遅刻なんて言語道断!!
ダーン
本当スミマセン
ホント、こんなチーム で成果上げられるのォォ!?
あっはっはっは
OONSHOT

それは大変ですね
くっくっ
笑いごとじゃありません!!
ドンッ
アハハ
やりがいがあっていいじゃないですか
人ごとだと思って〜〜〜
ぷ
ったくー
——では、真面目な話をしましょうか
リーダーに最も大切なものは〝部下からの信頼〟だと話しましたね
はい…
部下は、どんな上司だったら信頼できると感じるでしょう
カリスマ性のある人とか…?
理想の上司
そういう上司が好きであこがれるという方もいるでしょうね

ですが、実は好みに関係なく信頼される上司の条件は存在するんです
「自分の長所と短所をしっかり把握してくれる」ことと
「存在を認め、成長を願ってくれる」ことです
…なるほど
これを実現するためにすぐできることが２つあります
えー なんですか!?
ひとつめは「挨拶するときに名前をつけて声をかけること」です
ええっ
それだけ？

「そんなことで」と思われるかもしれませんが
これが〝存在そのものを認める〟ことの第一歩なんです
挨拶だけでなく何気ない声かけも大切なんですよ
声かけ…？
「がんばってるね！」や「何か困っていることはない？」という軽い感じのものでいいんですよ
あまり考えすぎずに気楽に声をかけたほうがいいのかしら…
でも考えちゃう…
オロ オロ
ですね
声かけが相手の存在を認めていると感じられることになりますし
信頼感
「何かあったらこの上司に相談すればいいんだ」という信頼感につながっていくんです

メンバーの一覧をつくっておき、声をかけた回数をカウントして書き込むといいでしょう
声をかけた回数メモ
Aさん Bくん Cさん Dくん
5/11
5/12
5/13
5/14
5/15
合計 8 6 10
そして、もし偏りがあることがわかったら
声かけの回数の少ない部下により積極的に声をかけていきましょう
わかりました やってみます!!
「部下の長所や評価できることを書き留めていく」ことですね
長所ですか…
欠点ならすぐに思いつくんだけど…
あ…
あともうひとつは何ですか?

長所や適正をきちんと理解しておいたほうが指示や指導も効果的にできると思いませんか？
そうですね…
む～
それに部下の強みをつかんでおくことができればその部下との接し方も自然と変わっていきますよ
…
ハアアアア
どれもすぐにできそうなことばかりなんですけどね…自分から声をかけるのって私のキャラじゃないというか媚びている気がするというか…
アハハハ
プライドが許さない感じですか？
そうかもしれません…

考えてみてくださいプライドの高い上司が、部下から信頼されてチームで成果を上げられると思いますか？
エヘン
プライドの高そうな上司を想像してみた…
…
無理ですね…
イラっとしました
だから、「行動」に焦点を当てていくんです
行動科学マネジメントの基本は“仕事の成果は行動の積み重ね”ですから
…
行動の積み重ねか…

マーチャンダイジング部
ドキドキ
ドキ
ま…益子さんおはようございます
あーん…
あ、おおひゃようございます!!
びくっ
またデスクでパンなんて食べて…
鬼澤さんおはよう!!
ども
反応うすっ!!

でも
すべては
成果のためよ!!
若狭さん
おはよう
元気？
ホホ
はいー
おはよう
ございます
あれ？
何か
いいことでも
あったんですか？
イラッ
どうして？
いや～
だって
糸数さんから
挨拶してくる
なんて
珍しいから
彼氏でも
できたのかな～
なんて♪
それか
明日は
雨ですねー
悪気なし
別にそういう
わけじゃ
ありませんから!!
こいつの
こういうとこが
ムカツクのよ～～
ムキィ～ッ

社員食堂
ガヤ
ガヤ
は~~~ 長所探しって 難しい…
欠点ならすぐに見つけられるのに
う~
だからこそ 意識して いいところを 見つけていって
まっ白……
手帳に 書き留めていく ことで 習慣化する 必要があるっていう 話なんだけど…
ハァ…
ずん
はい コーヒー
おー 気が利くね
サンキュー
!!
そうか!!
「行動」に 目を向ければ いろいろ あるかも!
いえいえ
…
coffee

きっと益子さんだって…
回想中…
忙しそうですね…
何か手伝うことありますか?
カタ
カタ
カタ
え…別に大丈夫だけど
飴ちゃん置いときますね
頭使うと甘い物ほしくなりますから
…
あれだって立派ないいところだわ
メモ
メモ
益子さん
私のことを気遣って「手伝えることはないか」と声をかけてくれた
よし!
この調子なら全員いけるかも
マーチャンダイジング部

昨日頼まれた マーケティング レポートです
そ
じゃあ その辺に 置いて…
はっ
くるっ
これって "すぐれた行動" よね⁉
調査 ありがとう‼
若狭さんは こういう リサーチとか 分析早くて 助かるわ
い、いいえ
それにしても よくこれだけのデーターを 1日で集められたわね
ずっしり…
しれっ
ほとんど記憶 していましたから あとは間違いがないか 検証してまとめただけです
うそでしょ⁉
僕って多分 人より記憶力は いいほうなんです

すごいじゃない!!
今から出かけてくるから、移動中に目を通すわね！
バタ
チェックしたら連絡します
バタ
はあ…いってらっしゃい
バタン
どうしたの？
糸数さんが「ありがとう」って…
珍しい!!!
でもそういえば最近、糸数さんてちょっと雰囲気変わってきたかも…
よーしほかの調査もがんばっちゃおー

ガタンゴトン
ガタンゴトン
なんか人をほめてみるのも悪くないかも…
なによりほめる対象を「行動」だと考えれば気負わずにできるしね
―週末
バー MOONSHOT
今日はもう閉店にしますが
読み終わるまでゆっくりしていってくださいね
あっ
ゴメンなさい!!
集中していたら時間を忘れてたわ!
フーッ
それにしてもすごい量ですね

すっごい記憶力がよくてこういう分析が得意な子がいてね
その情報は〇月×日の新聞に出てました
〇〇さんの電話番号は〇〇-△△△です!!
調査を頼むとすぐにまとめてくれちゃうの
それは素晴らしいですねぇ
挨拶とか声かけとかコミュニケーションの量を増やしていったら
今まで見えてこなかった部下の一面にも気づくことができたし
チームも活性化してきたのよね
ニコッ
何よりですね
ええ
ベビー服市場の未来と現実
よーし、あともう少しやっていくかなー
がんばってください!

Chapter 1-1

信頼されるリーダーになるために

≫今すぐ始められる、とてもシンプルな2つのこと

自らのマネジメント能力に自信を失いかけていた和彩さんですが、『成果の上がるチームにしたければ、メンバーの8割を占める〝ごく普通の社員〟の「Have to～」を「Want to～」に変えればよい』というアドバイスに希望の光を見いだし、思いきって「行動科学マネジメント」を実践してみることにしました。

最初のテーマは、Have to～な社員をWant to～な社員に変えるのに欠かせない〝部下からの信頼〟をいかにして獲得するかということです。そのためには、信頼されるリーダーの条件を明確にしておく必要がありますね。

あなたは、「信頼できる理想のリーダー」といえばどんな人を思うでしょうか？　カリ

スマ性のある魅力のある人？　いつも毅然とした態度をとっている人？　交渉事が上手な人？　人によって思い浮かべる条件はさまざまでしょう。

しかしHave to～をWant to～に変える「行動科学マネジメント」の観点で見ると、**〝信頼されるリーダーの条件〟は、「部下の存在を認め、成長を願っている」「部下の長所をしっかりと把握している」の2点に集約されます。**

この条件をクリアするために、今日から始められることが2つあります。

1　部下への声かけに、その人の名前を添える

「行動科学マネジメント」では、部下の〝よい行動〟をしっかり認める、というプロセスを非常に重視しています。詳細はChapter 2でお話ししますが、人間にとって〝自分の行動が人から認められる〟のは、とても重要なことで、それが自発的な行動へとつながっていきます。その根底にあるのが、先ほどの「自分の存在が認められる」ということ。人と人が信頼関係で結ばれるためには、極めて大切な要素です。

〝存在そのものを認める〟なんて少し大袈裟な感じがしますが、普段のコミュニケーショ

ンにちょっとした工夫をするだけで、相手に〝私はあなたを認めていますよ〟と示すことができます。方法はとても簡単。部下に挨拶や声かけをする際、「おはよう、○○さん」「○○君、おつかれさま！」というように、その人の名前を添えるだけです。

実に些細なことですが、この積み重ねがやがてあなたへの信頼感へとつながります。

2 部下の長所を見つけ、紙に書き出す

私はセミナーで「部下の長所と短所を、思いつくだけ全部書き出す」という課題を出すことがあります。すると「欠点ならどんどん思いつくのに、長所は難しい…」と頭を抱えてしまう方がとても多くいます。ビジネス戦略に沿って適任者に指示を出すというのは、リーダーの大きな任務のひとつ。ですから、それぞれの部下の長所をつかんでおくことは、マネージャーやリーダーにとっては不可欠な要素です。なのについつい欠点ばかりに目がいってしまう…。これは、人間の習性で、すっかり〝習慣〟になっているのです。

そこで、私がリーダーのみなさんに実践していただきたいのが、マンガにもあった部下の長所を手帳に書き留めることです。

〝毎日必ずひとつ、チームの中の誰かのいいところを見つけて書く〟〝毎日ターゲットを1人決めて観察し、よい行いをするたびに記録する〟など、方法は自由に決めてください。これを1~2週間続ければ、部下の長所に目を向ける〝習慣〟ができてきますし、何より部下に関する新たな発見が数多くできるはずです。

》コミュニケーションはとにかく「回数」を増やす

社内のコミュニケーションは、部下と上司の信頼関係を強くしたり、職場を活性化したりするために欠かせないもの。ところが多くのリーダーが、コミュニケーションがうまくいかずに悩んでいるようです。

私からのアドバイスはただひとつ。**それは、「とにかく〝量〟を増やすこと」です。**

ある企業が開発したコミュニケーション量を測るシステム(たとえば誰と誰がどれぐらいの時間対面していたか、など)があります。

このシステムを導入したある企業が、同じような業務をしている2つの部署でコミュニケーションの量を測定・解析したところ、業績の上がっている部署は、そうでない部署よりコミュニケーション量が3倍以上多かったそうです。

また近年、どこの会社でも離職者の増加が問題になっていますが、会社を辞めた人を対象にしたアンケートで辞めた理由を聞くと、大多数の人が〝上司とのコミュニケーション不足〟という項目を原因のひとつに選んでいます。もちろん会社を辞める決断にはさまざまな要因が関係しているでしょうが、リーダーがコミュニケーションの量を増やすことで離職率はおそらく下がるはずです。

さて、あなたは部下と十分コミュニケーションをとれていますか？「自信があります」という方も「足りないかも…」という方もいらっしゃるでしょう。でも、その判断はあくまで感覚的なものです。**私がおすすめするのは、行動科学マネジメントの基本である「行動の回数」を数**

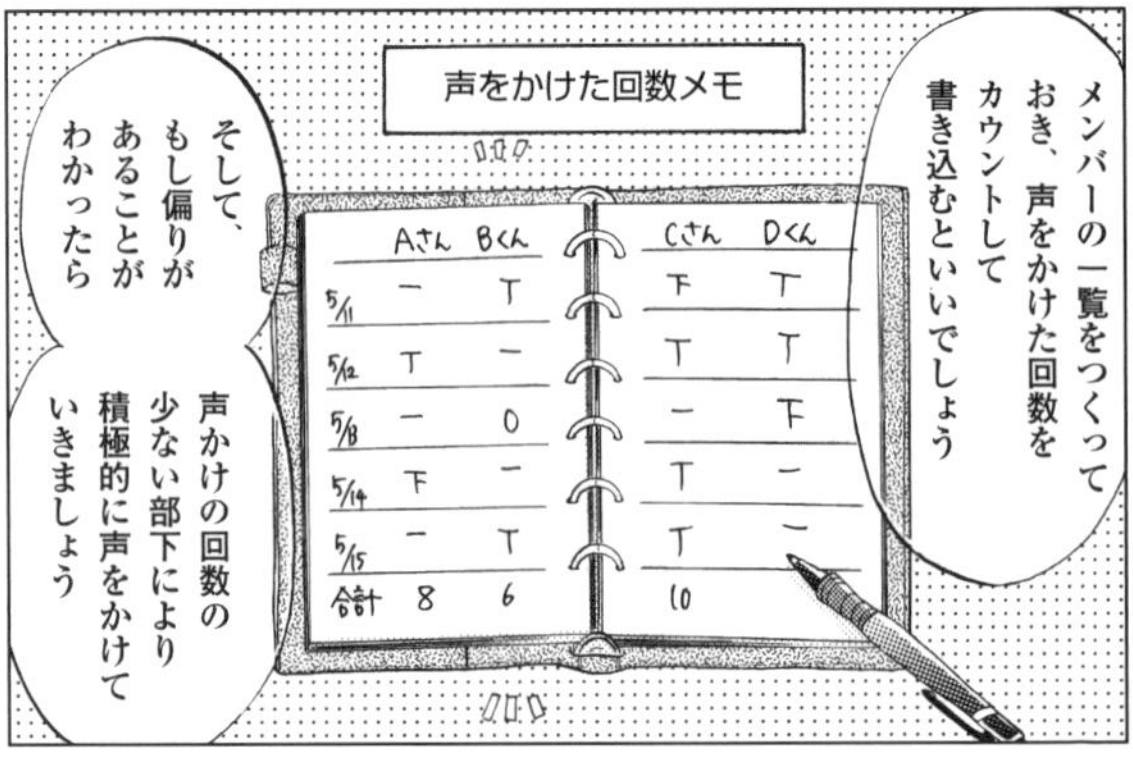
メンバーの一覧をつくっておき、声をかけた回数をカウントして書き込むといいでしょう
声をかけた回数メモ
そして、もし偏りがあることがわかったら
声かけの回数の少ない部下により積極的に声をかけていきましょう
Aさん Bくん Cさん Dくん
5/11
5/12
5/13
5/14
5/15
合計 8 6 10

えること。Story1で和彩さんもやっていましたね。

手帳にあらかじめメンバー全員の名前を書いておき、「おはよう！」とあいさつしたら1本、外回りから帰ってきたタイミングで「おつかれさま！」と声をかけたら1本、乗り合わせたエレベーターの中で雑談をしたら1本…というように、「正」の字で接触回数を記録していくのです。

1週間、2週間と記録を続けると、人によって声かけの回数に偏りがあることはまさに一目瞭然。誰だって、話しかけやすい相手とそうでない相手がいるのは当然のことなので、それについて思い悩む必要はありません。回数が少ないとわかった人のところに、どんどん足を運び、顔を見て話しかける回数を増やしましょう。

話しかける内容について、あれこれ考える必要はありません。とにかく相手の顔を見て、声をかけること。その量を増やすだけで、コミュニケーションは着実によくなっていきます。

Chapter 1-2

ビジネスの成果はすべて「行動」が左右する

結果を出す人は「結果が出る行動」をしている

従来の一般的なマネジメントでは、目標の数字を掲げ、それを達成できたかどうかという「結果」によってその社員の価値を判断し、「結果」に応じた報酬を与えるという方法をとっています。

こうやって結果のみに着目し、できていない人に「どうした？　もっとがんばれ！」と檄を飛ばすだけで、すべての社員が成長し業績を上げられるのでしょうか？　「行動科学マネジメント」の考え方は違います。

リーダーが注目すべきなのは「結果」ではなく部下の「行動」。なぜなら、物事の「結果」はすべて「行動」の積み重ねによって成り立っているからです。

たとえば、水泳の100メートル自由形で、自己ベストが55秒の選手の場合。そのタイム（結果）は、飛び込みの姿勢や角度、水をかく腕の動き、息継ぎの回数とタイミング、折り返しの動作、ゴールタッチなど、一つひとつの行動の集積です。

また、2人の人物が同じ材料でそれぞれハンバーグをつくったとしたら、材料をこねる、たねを成型する、フライパンを温める、火力を調節する、火の通り具合をチェックするなど、やはり一つひとつの行動の積み重ねによって、できあがりの味や見た目（結果）に違いが出ます。

ビジネスの結果

こうした「結果」を変えたいとき、つまり〝記録を縮めたい！〟〝もっとおいしくしたい！〟というとき、やるべきことは何でしょうか？　「とにかく54秒を目指せ！　あとはガッツだ！　根性見せろ！」「なぜ、おいしくつくれないのか？　もっとまごころを込めなさい！」と怒鳴りつけることはまったく無意味だと、誰でもわかりますね。

ところがこれがビジネスになると、「なぜ、売り上げ目標を達成できないんだ！　やる気が足りないぞ！」と部下を叱責するリーダーが未だに絶えません。檄を飛ばしたり、頭ごなしに怒ったりするのではなく、**「結果」を変えたいなら、「行動」を変えなければなりません。**

水泳であれば、スタートからゴールまでの動作（行動）を細かくチェックして、改善すべきところを選手に伝える。そして、選手がそれをマスターできるよう指導する。

売り上げを伸ばしたいなら、売り上げを伸ばすための行動を見つけ出し、それを全員に実行させる。やるべきことは実にシンプルです。

部下の性格や考え方を変えることは、簡単ではありません。しかし、部下の「行動」を変えることは、方法さえ覚えれば誰にでもできます。

リーダーであるあなたが、業績が上がる「行動」をきちんと示し、それぞれの部下がその「行動」を積み重ねられるよう支援すれば、「結果」は間違いなく変わります。

「行動科学マネジメント」には、この〝部下の行動を変え、成果を上げる〟ための具体的なノウハウがたくさん詰まっているのです。

Chapter
1-3

部下の評価はその「行動」のみに焦点を当てる

「行動」を軸にすれば、誰でも〝ほめ上手〟〝会話上手〟になれる

もうすでに何度か触れていますが、「行動科学マネジメント」では部下を〝認める・ほめる〟ということを重視しています。またここ数年は、一般的なマネジメントの手法としても〝認める・ほめる〟は急激に広まり始めているようです。

私が気になるのが、ビジネスの現場で必要とされる〝認める・ほめる〟の意味を取り違えている人たちがいることです。とくに、部下が異性である場合や、自分と年齢が離れている場合に顕著なのですが、〝そのファッション、いいね〟〝今日も髪型がキマってますね！〟というように、やたらと外見ばかりほめています。

また、それとは別に和彩さんのように「自分から声をかけるなんて、部下に媚びているような気がする…」と思ってしまうリーダーや、「部下をほめるなんて照れくさいことは、私には無理です！」と尻込みする人もいます。

この機会に、しっかりと理解していただきたいのですが、**〝認める・ほめる〟の対象は、あくまでも「行動」なのです。**

成果を上げるために必要な行動をしたときに、その行動をきちんと評価してあげるのは基本中の基本。

そのほかにも「挨拶がとても明るくて素晴らしい。みんなも○○君を見習うように！」「備品を整理してくれてありがとう。置き場所が一目でわかるようになりましたね」「インターネットで必要な情報を探し出すのが早いね。すごく助かるよ！」というように、部下がしている〝よい行動〟を認めたりほめたりすればいいのです。

仕事に関わる自分の行動が認められることは、多くの社会人にとって、ファッションや髪型をほめられるよりずっとうれしいことで、それは仕事への意欲にもつながります。

〝人をほめるなんて照れくさい〟〝媚びてるような気がしてしまう〟という人も、「ほめる対象は人物そのものではなく、その人の〝行動〟でいいんですよ」とアドバイスすると、意外なほどすんなりと実行できるようです。

ところで、リーダーの中には「私は口下手なので、部下に対する説得力が足りない」「隣の部署のリーダーのように、言葉巧みに部下をリードできない」といった理由から〝自分にはコミュニケーション力がない〟と思い込んでいる人が少なくありません。

おそらく、彼らは、言葉巧みに部下を鼓舞できることが、優秀なリーダーに必要なコミュニケーション力だと思っているのでしょう。

しかし、考えてみてください。仕事の成果（結果）は行動の積み重ねなのですから、部下への指導や声かけも「行動」に的を絞ればいいのです。

「こういう行動をすればいいんだ」「その行動は、このように変えましょう」というように「行動」を軸に話せば、〝熱い根性論〟を披露するような話術や気の利いたセリフは一切必要ありません。

コミュニケーションに対する苦手意識は、この際きれいに忘れてしまいましょう。

常に「行動」にフォーカスしたコミュニケーションをすることで、チームの業績は必ずアップし、部下のみなさんは自発的に行動できる人材に育っていきます。

部下との〝相性〟はビジネスには無関係

「相性が合わない部下とは、どうコミュニケーションをとればいいですか?」

これもまた、リーダーのみなさんからよく投げかけられる質問です。

私の答えはいつもこうです。

「部下との相性をよくすることは、リーダーの仕事ではありません」

繰り返しになりますが、仕事の成果は行動の集積。

部下というのは仕事上のパートナーですから、焦点を当てるべきなのは〝互いの相性〟や〝人としての好き嫌い〟や〝相手の感情〟ではなく、その人の「行動」です。

その部下は、仕事に関わるどんな行動がすぐれているか、ぜひ観察してみてください。

「少し口下手だけど、クライアントの悩みを聞き取るのはうまいなぁ」

「チャラチャラして見えるけれど、どんなときも納期を守る姿勢は見習わないと」

　こんなふうに、行動を通じて部下のよい面が見えてくると、その部下はあなたにとって〝なんとなく相性の悪い相手〟から、〝大切なチームメンバー〟へと変化していくことでしょう。

　まずは、メンバーの行動に着目することから始めてみてください。

Column

ちょっとひと休み その2
できて当たり前なことも、きちんとほめよう！

できて当たり前なことを、「わざわざほめなくちゃいけないの？」「そんなに部下を甘やかして…」。

もしあなたがそんなふうに感じるなら、“行動の習慣化”についての理解が足りない証拠です。

“望ましい行動”の習慣化、つまりその行動を常に繰り返すようにさせるには、“望ましい行動”をしっかり認めなければなりません。

たとえば、自動車の運転を教える場合、制限速度を超えたときだけ指摘するのではなく“制限速度を守り、60キロで走行している”という行動をきちんと言葉で評価する。

たとえば、テニスの指導なら、選手が望ましいフォームでサーブが打てたときに、「今のフォームはいいですよ！」とすかさずほめる。

こうすることで“望ましい行動”は習慣化されます。

ビジネスでも同じ。望ましい行動ができていたら、たとえあなたが“当たり前だ”と思うようなことでも、いいえ、むしろ当たり前だからこそはっきり評価すべきなのです。

Chapter 2

リーダーの「聞く」技術

Story2 ショートミーティングのすすめ
マスターって
聞き上手よね…
お酒の力もあるけどなんでも話せちゃう
ありがとうございます
うちのメンバーもなんでも話してくれればいいのに、報告も相談も満足にしてくれない
ハァ…
とくに鬼澤さん
ブスー!!
もわん
カラン
リーダーには「聞く力」も求められるんですよ
いらっしゃいませ
近藤さん!

そうは言っても本音で話してくれないんですもん
それも多くの場合上司が喋りすぎていることが原因なんですよ
〰〰っ
ブスッ
そうかしら…
たとえば部下に困りごとがないか話を聞くとしましょう
話を聞く立場のはずがいつの間にか上司である自分の話ばかりになってしまったり指導になってしまったりすることはありませんか?
ドキッ
思い当たるふしがありすぎる…
「それならこうしたらいいのよ!!」
ええ、
「そうじゃなくて、こうすべきよ!」
もー
かして!!

そう言われると話をきちんと聞くって簡単なようで難しいですね
フゥ…
そうですね
だからこそ話を聞いてくれる人は貴重な存在になれるんです
そしてそういう人には部下も働くうえで大切な本音や不満を話すのです
でもどうやったら聞き上手な上司になれるんですか？
仕事上でよくあるシチュエーションとして部下から報告や相談を受けるシーンで考えてみましょう
はい
部下はあなたのデスクに話しに来るでしょう
課長に相談してみよう

そのとき
パソコンから顔も
上げずに聞き流し
ているようだと
きちんと聞いて
もらっているとは
感じないでしょう
カタカタ カタカタ カタカタ カタカタ
あ… あの…
ですね…
よくあるかも…
別のテーブルに
移動するか
部下のために
椅子を用意
するかして
2人とも
座った状態で
話を聞くのが
いいですよ
あっちの席で話しましょ
そこに座ってね
なるほど…
それから
言いたいことや
指導しなくては
ならないことが
あったとしても
まずは相手の話を
最後まで聞き切る
ことが大切です

まずは最後まで聞くか…
話を聞き切ることを苦手に感じているのでしたら
報告を受けるたびに手帳やメモに〝最後まで聞けたかどうか〟を○△×で書き出していくことをおすすめします
CHECK
それはいいですね!!
聞き終わってから〝できている行動〟はほめ
それからフィードバックやアドバイスをしてみましょう
やってみます!

それから部下の日々の行動に直接影響を与えることのできるショートミーティングを行うのもいいでしょう
ショートミーティング?
文字どおり短時間のミーティングです
たとえば〝1日50件テレアポする〟という目標に対し達成できていればそのことをほめ、できていなかったらその理由を聞き2人で改善を探るという具合です
達成できたら
ほめる
よくやった
達成できなかったら
・理由を聞く
・改善案を一緒に考える
日々の行動のチェックや評価を行い望ましい行動を定着させることがショートミーティングの目的です

確かに、具体的な行動に焦点を当てれば
本人も行動しやすいですし、できたかどうかのチェックも確実にできますね
ショートミーティングは2週間以上の間隔をあけないこともポイントです
〝第1木曜と第3木曜の何時から1人につき10分〟などのように予定をしておくといいでしょう
ただでさえ予定が詰まってるのに時間がとれるかしら…
忙しいからこそやるべきなんですよ!
行動は評価されてこそ励みになって継続できるというものです
とはいえ、忙しい上司が毎日部下の行動をチェックして
こまめに評価するのは難しいでしょう?
はい…

ですから日時を決めてショートミーティングを行うことで
成果に結びつく行動をほめ続けられるように導いていくのです
…
なるほど…
わかりました!!
ほかにも何か気をつけることがあれば教えてください!!
はい ではもう少しがんばりましょう
BAR

そして
ミーティング初日
打ち合わせスペース
…
…
き…
気まずい…
しーん
…
…
この人、
何考えてるか
わからないし
苦手なのよね…
本題に入る前に
ウォームアップ
しますか
よしっ
お昼は
何食べた？
え…？

オムライスです
顔に似合わず可愛らしいものを…
サバ定食
そ、そうなんだ どこのお店の？
チェーン店の「フォレスト」です
あそこってコーヒーが有名よね
オムライスはあそこの隠れ人気メニューなんです…
部下の〝話すという行動〟を「強化」する方法として「絶対に答えられる質問をすればいい」って、近藤さんから聞いたけど本当にすぐできて効果的！
おっしゃー
私も今度行ってみよ!!
ぜひ！
私がしっかり聞いてリアクションすれば
相手も話しやすくなるってこういうことなのね

――で、ベビー商品に関する企画書の進捗はどう？
ドキッ
えっと
それが…別件の都合でなかなか着手できなくて…
なんですって!!
しゅん…
…
はっ
怒鳴っちゃダメよ、…私…
まあ、鬼澤さんにはいろいろお願いしているものね
助かっています
行動を認めて厳しいことでも受け入れる状態をつくってあげなくちゃ
いえ…

そう大切なのは「ほめる」と「叱る」のバランス！
「ほめる」が4に「叱る」が1の比率が理想だって教わったじゃない
4:1
——それにいつも企画書の完成度が高くて驚くわ
かあああああ
い、いやっそれほどでも！
今週中にはお願いしている企画書もまとめてほしいから
何が進捗に影響しているか一緒に考えましょう
実は…相談したいことがありまして…

○○の件のことなんですが
これを…
見せて
……
……
どうでしょうか…
……
それ
すごくいいアイディア!!
どんどん案が出てきて凄いわね！
…
ありがとうございます…
じゃあ次回までによろしくね
はい！

マーチャンダイジング部
ふーーっ
鬼澤さんっ
ミーティングどうだった？
何か叱られた？
大丈夫？
いえ別に…
むしろやることがはっきりして
前向きに進めるようになりました
ギョ
笑顔!?
本当!? 意外ー!!!
ハハハ
エヘヘ

数日後
鬼澤さんの企画書だわ
ん？
ぴらっ
付箋？
お待たせして申し訳ございませんでした。ご指導のおかげで企画書をまとめることができました。いつもありがとうございます。
鬼澤
ニャー
鬼澤さん――
はっ……
じー
糸数さんどうしたのかしら…
ほんとだ

いかん、つい顔がゆるんでしまった…
コホン
ご指導
まとめることができま
いつもありがとうございま
それにしてもこれを鬼澤さんが書いたなんて…
ニャー
意外すぎる…
ちょっと可愛いし…
鬼澤さんイラストとか得意なんですよねー
ひょい
鬼澤ネコだー♪
!!
え!? そうなの!?
鬼澤ネコ!?
あ、うわさをすれば鬼澤さん
イラストうまいっスねー
えっ 急にどうしたんですか?
おはようございま～す
お、おはようございます
まだまだ私の知らないことは多そうね…

Chapter 2-1

リーダーの「聞く力」が部下を伸ばす

≫部下が本音を話したくなる上司になろう

自分から積極的に部下に声をかけてコミュニケーションの量を増やし、「行動」に焦点を当てながらそれぞれの部下の長所に目を向けるようになったことで、和彩さんのチームは徐々に活性化してきました。

ところが、部下の行動をよく見るようになったことで、〝部下たちが自分に本音を話してくれない〟という、新たな悩みが生まれたようです。これもまた、多くのリーダーが抱えている悩みではないでしょうか？

なぜ、部下が上司に本音を言わないのか？

彼らは、初めから「この上司には、悩みも不満も打ち明けないぞ！」と決めているわけではなく、ちょっとした報告をしたときの上司の応対の仕方や、チームのメンバーと上司が会話している様子などから、「この上司は自分の話を聞いてくれる人かどうか」を無意識のうちに見定めているのです。

「この人には話を聞いてもらえそうにない…」と思わせる最大の要因は、上司が喋りすぎてしまうことにあります。

一般的に上司のほうがキャリアが長く経験豊富なので、その部署の業務で起こるたいていのトラブルは、似たようなことをすでに経験ずみ。そのため、部下が「今日、取引先でこういうことがありまして…」と話し始めると、それをさえぎって「それなら、こうすればいいんだ」と、自分の体験をもとに決めつけてしまっているということが多いのです。

部下に十分話をさせなければ、その人が心の奥に秘めている本音など、出てくるはずがありません。

こういう体験を何度かするうちに、部下やメンバーは「どうせ聞いてもらえないなら、話しても無駄だ」と考えるようになります。そのため、「何かあったときには、上司に相談しよう！」という気持ちは、だんだんとしぼんでいってしまうのです。

そんなリーダーに必要なのは、「部下の話を聞くという行動」を身につけ、その行動を増やすことです。

〝部下の話を聞く環境〟をつくる

「部下の話を聞くという行動」でいちばん大事なのは、まずは部下の話を最後まで聞き切る、ということ。

アドバイスや自分の体験談を披露するのは、そのあとで。こう書くとなんでもないことのようですが、やってみるとけっこう難しいものです。ついつい、口をはさんでしまうものです。

それなら「部下の話を聞くという行動」がしっかり身につきやすいように、〝部下の話を聞くときの定番スタイル〟を決めてしまいましょう。行動を習慣化するには〝この場所で〟〝この時間に〟というように、スタイルを決めるのが早道です。

これは数年前の私自身の経験なのですが、趣味の本や仕事に必要な資料は、どんなに忙しくても読む時間をつくり出せるのに〝あまり興味はないけれど、できれば読んでおいたほうがいい本〟がたまって困っていました。そこである日、読むべき1冊の本と財布だけを持って、近くのカフェに行ってみたところ、ＰＣやタブレットが手元になく電話も鳴らない環境のおかげで、驚くほど読書に集中できました。それ以来、この手の本を読むときは、否応なしに自分をその環境に置いています。

あなたもぜひ、〝部下の話を聞くための環境〟をつくってみてください。

たとえば〝部署の打ち合わせスペースに移動し、部下と向かい合って座る〟〝自分のデスクの脇に椅子を持ってきて部下を座らせ、そちらに向き直る〟といった具合に。そうやって自分を〝部下の話を聞く環境〟に置き、意識をすれば、不用意に口をはさむことは減らしていけることでしょう。

また、部下の話を集中して聞くためには、時間を決めることも有効です。

たとえば、何かの業務をこなしている真っ最中に「報告したいのですが」と部下から言われたら、「今はバタバタしているので、16時から聞こう」と返答する。こちらから聞きたいことがあるなら、「例の件について聞かせてほしいので、14時から10分だけ時間をつくってくれるかな?」と提案する。

こうすれば、話をする部下やメンバーも聞くあなたのほうも、きちんと準備や心構えができるので、短い時間でも集中してスムーズな報告や聞き取りができるはずです。

部下の話を聞いている間に、指摘したいところや、指導が必要なことが出てきても、まずはすべてを聞き切る。**気になることがあればメモしておいて、部下の話がすべて終わったところで、切り出しましょう。**

〝最後までだまって聞くのは苦手だなぁ〟という人は、マンガの中で糸数さんがやっていたように、スケジュール帳のすみでいいので、報告を受けるたびに〝最後まで聞けたかどうか〟を○△×で書き残しておくことをすすめます。×や△より○の比率が増えてきたら気分的にうれしいのはもちろんですが、それにともなって部下からの報告の質が高まっていることも実感できるでしょう。

Chapter 2-2

成果を出すための「ショートミーティング」

≫部下の「成果が出る行動」を支援する仕組み

これまでに何度もお話ししたように、ビジネスの成果は行動の積み重ねです。

成果を出す人は、「成果が出る行動」をしています。つまり、成果が出る行動を繰り返せば、誰でも必ず成果を上げられる、ということ。

これが、「行動科学マネジメント」の実践の大前提になっています。

ですから部下に成果を上げさせたいなら、リーダーは部下が〝成果が出る行動を繰り返す〟ようにサポートする必要があります。別の言い方をすると、〝成果が出る行動を定着させる〟ということです。

〝成果が出る行動の定着〟に必要なのは、以下の3つです。

1 〝成果が出る行動〟が何なのかを見つけ出すこと
2 部下が実際に〝成果が出る行動〟を繰り返しているかどうかの確認
3 〝成果が出る行動〟を継続させる工夫

これらをリーダーが実行し続ければ、〝成果の上がる行動〟はしっかり定着し、そうなれば成果は自然と上がっていきます。

しかし、頭でわかっていても、忙しい日常業務のなかでこの3つを正しく実行し続けることは容易ではありません。そこで、これらを行う場として定期的に実施していただきたいのが、上司と部下の2人で行う短時間の面談「ショートミーティング」です。

「上司と部下の話し合いなら、査定面談があるからそれで十分なのでは？」と思われた方が多いかもしれません。確かに査定面談は頻度の差こそあれ、ほとんどの会社で行われていますが、そこでの話し合いのターゲットは、あくまでもビジネスの結果です。

これまで何度か繰り返しているとおり、行動を積み重ねたものが「結果」なのですから、結果だけを見て「もっとがんばれ！」「はい、がんばります！」と言っていても仕方がありません。

それに、査定面談やそれに類似した面談が行われるのは、多くてもせいぜい年に2～3回。部下の「日々の行動」を支援する仕組みとしては、面談と面談の間隔が長すぎます。

査定面談と、行動定着のための「ショートミーティング」はまったく別のものとしてとらえてください。

≫ショートミーティングのやり方

「成果が上がる望ましい行動」を繰り返し行うためには、それがどんな行動なのかを見つけ出さなければなりません。手順を紹介しましょう。

それから部下の日々の行動に直接影響を与えることのできるショートミーティングを行うのもいいでしょう
ショートミーティング？

1 「望ましい行動」の決定…〝成果につながる行動〟を探す

まずは、その業務で成果を上げている人の行動を細かく書き出します。たとえば和彩さんがリーダーをつとめるマーチャンダイジング部であれば、「社内のデザイナー、パタンナー、バイヤー、プレスなどのメンバーと毎週一度は、必ず顔を合わせてミーティングをしている」「新しい商品企画の提案書を必ず毎月3本は提出する」「コラボできる企業をピックアップし、毎週1件アポを入れる」など。

〝ナチュレル〟の店舗で働く販売員なら「お客様の希望に合う服を即座に複数ピックアップ」「レジに向かう途中、その服に似合うほかのアイテムも紹介」といったように、〝成果を上げている人だけが実践している行動〟が見つかります。それらの行動が「成果につながる、望ましい行動」である可能性は大きくあります。

次に、ショートミーティングの当人である（成果が出ていない）部下の行動も、同じように書き出し、先ほどのリストと比較します。

こうして「望ましい行動」の候補が見つかったら、上司と部下で話し合い、どれを「望ましい行動」にするか決めていきます。

「他部署のメンバーと、毎週ミーティングをしてみよう」「レジに向かう途中で、新たに商品を紹介するのは、間違いなく売り上げアップにつながると思うので、やってみましょう」などと部下にあなたが提案し、合意ができたら、1回目のショートミーティングは終了です。

2　チェック…「行動」の実践を回数で確認

1回目のショートミーティングを終えたら、さっそく行動を開始しましょう。いつもの業務の流れのなかに「望ましい行動」を加えるのです。

「望ましい行動」をちゃんと実行できているかどうか、どのように確認するのか？

行動科学マネジメントでは、それを客観的に判断するために、「行動の回数」を数えるという手法をとります。

多忙な上司が1日中部下やメンバーをチェックして、回数を数えるというのは現実的ではありませんから、部下本人が自らカウントし、手帳などに記録しておきます。

そして「行動の回数」を一覧にしたものを2回目のショートミーティングに持参し、上司と部下でチェックしていきます。

3　フィードバック…さらに「行動」を増やすために

回数の報告を受けたら、上司はどうすればいいか？

何回できたかどうかにかかわらず、まずは「望ましい行動」を実行したことを「いいじゃないか」「がんばってるな」と評価します。

なぜ行動をほめるとよいのか、「ABCモデル」という概念を使って説明しましょう。

A＝Antecedent（先行条件）…行動の直前の環境
↓
B＝Behavior（行動）…行動・発言・ふるまい
↓
C＝Consequence（結果）…行動した直後に起きた環境の変化

これがABCモデル。人がある行動を繰り返したり、やめたりする理由を論理的に説明したものです。

わかりやすいように、「部屋の暖房をつける」という行動を当てはめてみましょう。

A　先行条件「部屋が寒い」

B ← 行動「暖房のスイッチを入れる」

C ← 結果「数分で部屋が暖かくなる」

AとBとCには明確な因果関係があり、部屋が寒い（A）ので、暖房のスイッチを入れるという行動（B）が引き起こされ、得られた結果（C）が〝部屋が暖かくなる〟という望ましいものであれば、それがAに影響を与えるので、次回また部屋が寒くなったら、再び暖房のスイッチを入れるという行動（B）が繰り返されます。

つまり、**行動によってよい結果が得られれば、人はその行動を繰り返し、もし結果が望ましいものでなければ、人はその行動をしなくなる**ということです。

ビジネスにおいても、「望ましい行動」をしたことで、よい結果が得られれば、その人は「望ましい行動」を繰り返します。ただし、ここで問題なのは、「望ましい行動」をしたからといって、必ずしも暖房のスイッチを入れたときのように、直後によい結果が得られるわけではないことです。

「望ましい行動」を増やせば、やがては必ず成果がアップするけれど、行ったその日にすぐ目に見える成果が出るわけではありません。そのため、怠けたくなってしまう…。

そこで、行動科学では「強化」を行います。簡単に言えば「行動の直後に与えるごほうび」のことです。たとえば、あなたが英語の勉強をしているなら〝決めたページ数のドリルをこなしたら、高級チョコレートを1粒食べていい〟といったことが「強化（ごほうび）」になります。

では、ビジネスの現場にふさわしい「ごほうび」とは何でしょう？　もう、おわかりですね。**行動科学マネジメントでは、行動を「認める・ほめる・評価する」という上司の行為が部下にとっての「ごほうび」になると考えています。**

しかもそれが信頼している上司であれば、一層うれしく感じることでしょう。ですからショートミーティングでは「望ましい行動」を実行したことを、しっかりと認め、今後もその行動を繰り返し行うようサポートします。

もし「望ましい行動」の回数が少ない、あるいはほとんどできていない場合は、部下の

ショートミーティングのやり方

1回目のショートミーティング

望ましい行動を❶
２人で決める

部下は　・望ましい行動の実践
　　　　・できた回数を記録

↓

2回目のショートミーティング

結果を聞いて（チェック）❷
フィードバックする（強化）❸

部下は　・望ましい行動の実践
　　　　・できた回数を記録

↓

3回目のショートミーティング

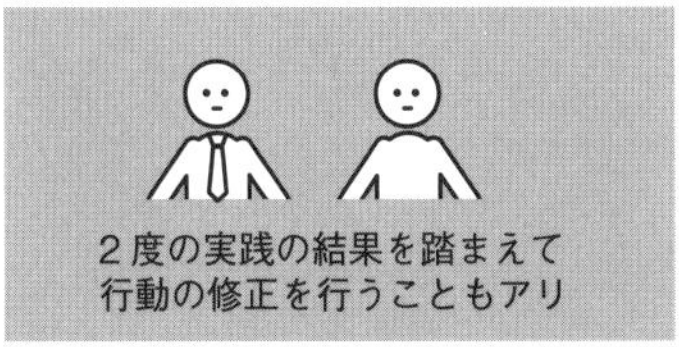
２度の実践の結果を踏まえて
行動の修正を行うこともアリ

たとえば〝1日50件テレアポする〟という目標に対し達成できていればそのことをほめ、できていなかったらその理由を聞き２人で改善を探るという具合です
達成できたら
ほめる
よくやった
達成できなかったら
・理由を聞く
・改善案を一緒に考える

望ましい行動の決定❶ → 実践 → チェック❷ →
フィードバック❸ → 実践 というように繰り返していく

話を注意深く聞いてその原因を探し、改善策をアドバイスしましょう。

「望ましい行動」を十分実行できない原因が、職場環境や他部署との関係など、当人だけでは解決できないケースである場合は、上司が何らかの手を打つべきでしょう。

「望ましい行動の実行」→「チェック」→「強化（認める／ほめる）」→「望ましい行動の実行」…というサイクルを何回か繰り返すうちに、その望ましい行動は習慣として定着していくでしょう。

そうなれば、「回数をもっと増やす?」「ほかの望ましい行動にも取り組む?」など、部下と上司で相談のうえ、アレンジや変更、改善などを加えていきます。

Chapter 2-3

「ショートミーティング」を行う際のコツ

≫長続きさせるために大切なこと

忙しい仕事の合間をぬって行う「ショートミーティング」の効果がより上がるよう、成功のコツを紹介しましょう。

・頻度は月2回がおすすめ

行動を定着させたいなら、その行動からできるだけ時間をおかずに、「強化」を行うのが鉄則。理想は〝行動から60秒以内〟ですが、対象が大人の場合は〝2週間後〟までであれば有効です。おすすめのインターバルは月2回。毎週だと、息切れしてしまう可能性があるので、隔週で行うのがおすすめです。

・ミーティングの日時は固定

Chap 2-1 でお話しした通り、行動を習慣化するには「この場所で」「この時間に」というふうにスタイルをつくるのが効果的。「ショートミーティングは第1木曜と第3木曜。Aさんが16時から10分、Bくんは16時15分から10分、Cさんは…」といった具合です。

・確実に答えられる質問でウォーミングアップ

ショートミーティングの効果を上げるためには、部下が率直に話をしてく

ショートミーティングは2週間以上の間隔をあけないこともポイントです
〝第1木曜と第3木曜の何時から1人につき10分〟などのように予定をしておくといいでしょう
ただでさえ予定が詰まってるのに時間がとれるかしら…

れなければなりません。しかし、最初からすぐには話が弾まないものです。そんなときに、おすすめするのが、〝絶対に答えられる質問をいくつかする〟ことです。

たとえば「ランチはどこの店で食べた？」「外は寒かったのかな？」「来週の研修は参加する？」など、話題は何でもいいので、確実に答えられる質問を投げかけます。

そして、部下の返事を聞いたら「君もそうなのか！」「へえ、それは意外だな」と、しっかりリアクションを返しましょう。

すると、自分が話したこと（行動）によって、きちんとリアクションしてもらえたという〝よい結果〟が得られるので、部下の〝上司に向かって話をするという行動〟は「強化」され、どんどん話しやすくなるのです。

みなさんも、ぜひ実践してみてください。

Column

ちょっとひと休み その3

部下の要求が「マンド」か「タクト」かを聞きわけよう！

相手の話を読み取る際のヒントになる“マンド”と“タクト”について、ここではご紹介しましょう。たとえば、子どもが母親に「水！」と大きな声を出して言ったとします。

それが、「喉が渇いたから、水がほしい」という要求の意味であれば“マンド（要求言語）”。そうでなく、お母さんが水の入ったコップを持った子どもに、「これは何？」と、質問をして「水！」と答えたなら、それは“タクト（報告行動）”に分類できます。このとき、「そのとおり。よくわかったね」とお母さんがほめてあげれば、「水」という言葉（タクト）は役割を果たしたことになります。

真夏に外回りから帰ってきた上司が「暑い！　暑い！」と繰り返し言っていたら、それは「ほんと、暑いですねぇ」という共感がほしくて言っている“タクト”ではなく、「エアコンの設定温度を下げてほしい」という要求の“マンド”の可能性が高いでしょう。それを察しない部下は「そのぐらい言わなくてもわかるだろ！」と怒鳴られることも。

部下の話を聞くときは、「今日こんなことがありました」というセリフが単なる報告なのか、「だから力を貸してほしい」という要求なのか、見定める必要がありそうです。

Chapter

3

教える技術はどんなタイプの部下にも使える

いくら時短勤務だからって言い訳しないで!

でも、大人と子どもは別なんじゃ
大人のほうがほめられたい欲求が強いってこともあるんじゃないですか?

試してみたら彼の態度が変わっていくのが楽しくなっちゃって
ポイントはやはり「行動」ですね

Story3 報連相しやすい環境をつくり出せ
フゥ
少子化のこの時代にベビー商品を立ち上げるか…
会議室
やれやれ
市場が縮小しているからといってニーズがなくなるわけではありません
戦略次第では——
わかったわかった その話は次にしよう
まずは例の件の報告を
は、はい
やはりコストが一番の問題でして
業者の選定からやり直すため見積り先を…
まだそんなことをやっているのか…
ボトルネックを洗い出さないことには先に進めませんから

とはいえ
そこに時間と労力を
かけすぎだろう？
そもそも
コストといっても
人件費や――
うだ
うだ
うだ
報告しろって
言うから
報告したのに!!
カッ
あんなに
ねちねち
言わなくたって!!!
カッ
カッ
カッ
マーチャン
ダイジング部
ドスッ
ハア…
フンフフー
フフフーン♪
イラッ
ちょっと!!
益子さん

見積り依頼した？
打ち合わせ前に報告してってお願いしてたわよね…
スミマセン ちょっと別件で手が離せなくて
いくら時短勤務だからって言い訳しないで！
板挟みになっている私の立場だって考えて…
しゅん…
はっ
っ!? 私だって部下に対しては同じことやってんじゃない!?
ガーン ガーン ガーン
これじゃあ自分から進んで報告する気にならなくて当然だわ…
ブツブツ ブツブツ
あの…糸数さん…？

上司と部下の間に立つ立場って大変ですよね
ええ
経営トップと現場社員の橋渡しを担っていますもんね
だからこそ報連相を単なる「部下の管理」のために使うのではなく
しっかり成果につなげていきたいものです
こうしたらいけないということがわかっていても
どうしたらいいのかわからなくて
なるほど！
では大前提として行動の原則について考えてみましょうか
人は何か行動した結果メリットがあるようならばその行動回数を増やします
たとえば居心地よくおいしいお酒が飲めるのなら
何度もそのお店に通い詰めるでしょう
そうですね

次に行動の結果が悪いことにつながればその行動は少なくなったりしなくなったりします
ええ
「報告をしろ」と言われそのとおりにしたら叱られたり嫌味を言われたりしたら
嫌味
叱咤
報告
やりたくない行動に
報告という行動は〝やりたくない行動〟になってしまいます
親からテストの点数を見せろと言われた子どもで言えば
言われた通り見せたところ悪い点なら叱られるしよい点を取ったとしても
「今度はもっとがんばれ」と言われたりしたら
すると、自分からすすんでテストの結果を言いたくはなくなりますよね
次回はもっと点数上げなさい!!
ねち
ねち
ねち
ねち
ねち
見せたくない…
コラーー!!
なんでこんなに悪いの〜!?
よい点数
悪い点数

でも、大人と子どもは別なんじゃ
大人のほうがほめられたい欲求が強いってこともあるんじゃないですか？
子どもと違ってなんでもできて当たり前
ほめられる機会自体少ないわけですから
そうかもしれませんね
ハァー
なので報連相を受けたら
まずはそのことをねぎらい
的確なアドバイスやフィードバックを行いましょう

それから指示の仕方にも注意が必要です
たとえば少しでも早く企画書をつくってほしい場合どのようにお願いしますか？
「すぐにつくって」とか
「なるべく早くつくって」とかでしょうか？
そうですね
ただそれだと「すぐ」や「なるべく」が今日中なのか今週中なのかわかりませんね
確かに!!
それで「まだできないの!?」と怒るはめになる…
ありがちですね
報連相をするという行動をより確実なものにするためにも
日時や頻度、回数など、できる限り具体的な数字を提示すること
誰が聞いても、同じ行動ができるような表現を使うこと
望ましい行動をより具体的に表現する必要があります

それから個々の仕事がプロジェクト全体の中で
どのような位置にあるか
どのように役立つかを伝えることも大切です
位置付け
上からの伝言ゲームとならないよう自分の言葉で、ですね
わかりました
あの、質問があるんですが…
なんでしょう?
年上の部下にはどう接していけばいいのでしょうか?
38歳
2児の母
まずは敬意を示し必ず敬語を使いましょう

ほかには？
あとは命令するのではなく依頼するというスタンスで接すれば大丈夫です
必要以上に年齢や職歴にとらわれないでください
そういうもんですか
少し気が楽になりました
よかったです
キィ
戻りましたー
遅いぞ！ただの買い出しに何時間かかってるんだ
いや〜商品探すのに手間取って
レジも並んでたし…

新人のようですね…
近頃の新人にはどこも手を焼いているんですね…
ちょっと厳しくするとすぐやめちゃうってマスター愚痴ってたっけ…
もういい！早く仕事もどれ
ういっす
今度の子も頼りないけど大丈夫かしら…
しゃか
しゃか
これ、頼んだやつと違うぞ
ったく
あれ？そうですか？
別のお客様のやつだぞ〜!!
あとでみっちり指導します…
アハハ

益子さんのおかげで上原部長にもやっと納得してもらえました！
ありがとうございます
よかったです
これで新プロジェクトのほうに注力していけますね
はい
なんかまた糸数さん雰囲気変わったかも…
口調も丁寧になったし前より接しやすくなったなぁ
よーしがんばろって
そうそう！
最近知り合ったママ友が織物卸に勤めていて
国内の職人さんたちとつながりも強くっていろんなお話を聞けちゃうんです
へぇー

企画中のベビー商品展開に生かせる情報もあるかも…
ぴーん
益子さんはママ友いっぱいいますよね
アンケート調査ではわからないママの生の声を聞けたりするんじゃないですか？
「こういうのあったらいいよね」という世間話程度なら…
それでいいんですよ!!
そういうとこから革新的なアイディアが出てきたりもするんですから！
必要なら会社としてもサポートします！
ならいろいろ聞いてみます
よろしくお願いします！
いろんな情報を提供してくれてありがとうございます！
と、とんでもない

プロジェクトA
時間がないなか企画書をまとめてくれてありがとう！
プロジェクトA
い、いえ
デザインもきれいだし情報もそろっているわね…
若狭君に必要なデータや資料を提供してもらえましたから…
益子さんのアイディアを取り入れることで
企画に幅を持たせることができました
よーし、これを部長のところに持っていってみるわ！
はい!!

会議室
国産高品質の
新ベビー服商品企画
WAKABA
フム… 2、3疑問は残るが 全体としては十分可能性があるな！
顧客視点の商品アイディアと開発の具体策に矛盾はありません
ただ、これだけの投資額となると役員に納得してもらえるかどうか
ドキ
ドキ
ドキ
よし、
ガタッ
では 通せるよう みんなで内容を固めていこうじゃないか！
ー
ありがとうございます！

今日ね
やっと活路が見いだせてきたの～
本当よかった…
なによりですね
なにか飲みますか？
それより小腹が空いたな…
でしたらベーコンとホウレンソウのソテーなんてどうでしょう？
お－いいね
すぐにご用意します
新人君もなんだかんだがんばってるわね
まだまだですけどね

実はお2人の話を耳にして私なりにいろいろ指導法を工夫してみているんですよ
そうなんだ!!
試してみたら彼の態度が変わっていくのが楽しくなっちゃって
ポイントはやはり「行動」ですね
世代が違うと価値観や感覚も変わってきますが人間の行動原理は変わりませんから
そうね…
若い子たちってとても素直なんですよね
だからやるべきことを細かく提示すればきちんと行動してくれるんです
へー
どんなことをしてみたの？

やったことのないことは
行動を細かく分解して
教えたり
やるべきことを
チェックリストに
まとめたりですね
行動分解
これをこーやって…
フムフム
チェックリスト
そして
わからないことや
判断に迷うことが
あったら
必ず相談してもらう
よかったと
思うことがあったら
すぐほめる
これも
若い子には
効果的ですね
すぐに
ほめることが?
ええ、
生まれたときから
物質的に
満たされている
世代の子たちは
物欲の代わりに
「人や社会から
認めてほしい」
という
承認欲求が
強いんでしょうね
認めてほしい!!!

ほめることが見つからなくても報告や相談をしてくれたこと自体を評価する
それだけでも違ってくるんです
マスターもなかなかやるわねー!!
時給上げなくてもがんばってくれるならやらない手はないかなって…
そのとおりね
フフフ
ちょっとー2人でなに内緒話してるんですかー!?
君の成長がめざましいってマスターがほめてるのよ!!
えぇっそーなの!?
本当ですか?なんか照れちゃうな～
素直な子ね
クスクス

Chapter 3-1

「報連相」の役割とは？

≫「報連相」は部下を管理するためのものではない

報告・連絡・相談、いわゆる「報連相」がビジネスにおいて非常に重要であることは、組織で働く人はもちろん、今どきは学生でも知っています。マンガの主人公の和彩さんだって、これまでに先輩や上司から何度も何度も言われてきたはずですよね。

それにもかかわらず、多くのリーダーたちが「部下がきちんと報連相してこない」という悩みを抱えているようで、私もよく相談を受けます。

そこで「なぜ、報連相が必要なんだと思います?」とたずねると、驚くことに「部下がちゃんと仕事しているかどうかを確認するため」という答えがかなりの確率で返ってきます。また、「サボらないように、監視するために決まってますよ」なんていうリーダーの方もいます。

そして、部下が報告してくると、その内容に対してあれこれ文句をつけたり、嫌味を言い、すごい勢いで怒鳴りつける人だっています。これでは、まるで罰ゲームですよね。

Chap2-2で、お伝えした「ＡＢＣサイクル」を思い出してください。**人間は何か行動をしたことで「よい結果」が得られたら、その行動を繰り返し行いますし、悪い結果が待っているなら、その行動はどんどん少なくなります。**

「上司に報連相する」という行動の結果が〝叱責や嫌味〟だったら、報連相は〝やりたくない行動〟の筆頭になってしまうでしょう。そうして「報連相」をおこたっていると、上司から「何やってるんだ！」と責められ、ますます「報連

相」は減っていくのです。

この悪循環を断つには〝部下自からが進んで報連相を繰り返すような状況〟をつくるしかありません。**そのための具体策としては、報連相するという行動に対する〝よい結果〟をリーダーが提供してあげることです。**

上司に報告や連絡をしたときに、〝その行動自体が評価される〟〝的確なアドバイスが受けられる〟〝困ってることについて相談できる〟といったメリットがあれば、必ず〝上司に報連相するという行動〟は増えていきます。

≫「報連相」をビジネス戦略に生かすために

一般に「報連相」の目的と考えられているのは、進捗状況の確認、情報の共有、コミュニケーションの円滑化などですが、もっとビジネスの戦力として活用すべきだと私は考えます。

なかでも有効な戦力になり得るのが〝会社の戦略と現場の状況のすり合わせ〟です。

たとえば、メーカーならば経営陣は今度の新製品のターゲットを年配の主婦に向けて開発させたいけれど、販売現場に触れている店舗スタッフから見ると、どう考えてもその狙いはズレている。

こういったことは、いろいろな業界のあらゆる企業で頻繁に起きています。

そういう情報を現場で働く部下たちが集めてきてくれたら、リーダーのあなたはそれを経営サイドの戦略とすり合わせ、「部下たちに新たな指示を出す」「他部署と連携する」「経営トップに提案する」など、さまざまな対応が取れます。

ですから、あなたの会社やあなたの部署で今求められる報連相はどんなものなのか、あらためて見直してみてください。

そして、それが明確になったら、チームのメンバーに語る機会をつくりましょう。

「私たちの部署は今、こういう任務を負っていて、現場からのこういう情報を必要としている。だからキミたちからの報連相は極めて大事なんだ」と話してあげてください。

Chapter 3-2

成果を出す「報連相」とは？

≫上司からの指示はとことん具体的に

「報連相」をより効果的なものへと改善するためのいちばんのポイントは、実は「報連相」そのものではなくその前の段階、上司からの指示にあります。

「とにかく、できるだけ早く報告してほしい」「この件はとても重要なので、頻繁に進捗状況を教えてくれ」。こういった指示をよく耳にしますが、〝できるだけ早く〟というのはいつのことを言っているのでしょう？

上司本人は「遅くとも今日中に」というつもりで言っていても、それを聞いた部下は「たぶん今週中でいいんだろうな」と思っているかもしれません。

〝頻繁に状況を教える〟の〝頻繁〟はどの程度のインターバルですか？　3日に1回？

それとも3時間に1回？

こんな抽象的な指示を出しておいて、「報告のタイミングが遅い！」「いつまで経っても連絡してこない」なんて苛立つのはナンセンスです。

部下の報連相をよくしたいなら、まずはあなたの指示を具体的なものにしてください。

ところで「早く報告してほしい」「頻繁に状況を教えてくれ」といったセリフは、一見すると〝部下がやるべき行動〟を指示しているように見えますが、行動科学マネジメントでは、これは行動ではないと考えます。

では、次の3つは「行動」を表していると思いますか？

・顧客としっかりコミュニケーションをとる
・丁寧におじぎをする
・売り上げを増やす

ここまで、本書を読み進めいただいた方ならおわかりと思いますが、実はどれも「行動」

ではありません。

では、一体どんなものが「行動」なのでしょう？

それを定義するのが「MORSの法則（具体性の原則）」です。4項目からなり、それぞれの頭文字をつなげたものが名称になっています。

- Measured…計測できる＝数値化できる
- Observable…観察できる＝誰が見ても、どんな行動をしているのかわかる
- Reliable…信頼できる＝どんな人が見ても、それが同じ行動だと認識できる
- Specific…明確化されている＝何をどうするかが明確になっている

この4つの条件を満たしていないものは「行動」ではないと見なされます。

では、先ほどの例をMORSの法則に沿うように変えてみましょう。

「顧客としっかりコミュニケーションをとる」→「最低でも週に一度は、それぞれの顧客と電話で話をする。さらに毎月1回、職場までうかがう」

「丁寧におじぎをする」→「両手を前で組み〝ありがとうございました〟と言いながら、

45度の角度で頭を下げる」
「売り上げを増やす」→「来月1日までに、チームで合計40件の契約をとる」

このように日時、頻度、回数など、できる限り具体的な数字を盛り込み、誰が聞いても同じ行動ができるような表現を使うと、指示された部下が動きやすいだけでなく、「行動できたか」「できなかったか」を明確に検証できます。

「そこまで細かく指示していたら、部下が成長しないのでは？」

こういった質問をよく受けますが、指示の内容が正確に伝わっていないことや、部下が実は何をしたらいいかがわかっていない状態を放置していることのほうが、よほど彼らの成長を妨げているはずです。

報連相をするという行動をより確実なものにするためにも
日時や頻度、回数など、できる限り具体的な数字を提示すること
誰が聞いても、同じ行動ができるような表現を使うこと
望ましい行動をより具体的に表現する必要があります

≫仕事の全体像が見えると「報連相」の精度がアップする

「上司から命令されてやっているこの仕事、何の役に立つんだろう…」

あなたは新人の頃、こんな思いを抱いたことがありませんか？


指示の内容を具体的な言葉で表現し、その部下がすべき業務を明確にすることに加え、プロジェクトの全体像や会社のビジョンを伝えることも、時には大切です。

なぜなら「自分の担当している仕事が、プロジェクト全体のなかでどのような位置づけになっているのか」「上司に報告した情報は、そのあとどのように生かされるのか」「今後はどんな展開をしていく予定なのか」といったことを、それぞれのスタッフが把握していると、報連相の質や精度が飛躍的に高まるからです。

毎日の地道な仕事が、そのプロジェクトの中で欠かせないものだと知ることは、仕事へのやりがいや自分自身に対する自信にもつながります。

もちろん、部下に指示を出すたびに、こういったビジョンや全体像を伝える必要はありません。プロジェクトの立ち上げ時や、路線変更があったとき、プロジェクトそのものが正念場を迎えたときなど、「ここぞ！」というときにプロジェクトの全体像をチームのメンバー全員が俯瞰できるよう、リーダーが自らの言葉で語ってください。

悪い報告もしやすい環境づくりを

「部品の調達が、期限までに間に合わない」「得意先のトップから重大なクレームが入った」「契約直前の案件が暗礁に乗り上げた…」。

こうしたトラブルは、減らすことはできても、完全にゼロにすることは困難です。それでも発覚が早ければ、他部署のメンバーも含めたチームの総力戦で解決できることも少なくありません。しかし、往々にして悪い報告はなかなか上司の元に上がってこないもの…。

その理由は実に単純で、部下自身にとって〝ミスやクレームを早く上司に報告するという行動〟にはメリットがないからです。メリットどころか、報告したとたん「なにやってる！　どうしてそんなことになったんだ！」「だからお前はダメなんだ！」と、みんなの前で叱責されることも…。そして、それを見ているほかのメンバーも〝悪い報告をしたら、こういう目に遭うんだ〟と思い知らされる…。

何度もお伝えしているように、人間は自分の行動によって、よい結果になれば再びその行動を繰り返しますが、悪いことが起これば再びその行動（この場合はミスやクレームを早く上司に報告するという行動）は確実に減っていきます。

さらに言えば、再びミスを起こさないようにしようと、本来やらなければいけない行動までもが減ってしまう危険性だってあります。

ですから、ミスやクレームといったマイナス情報こそ、報告しやすい仕組みが必要です。**部下から悪い報告を受けたら、まず最初に〝早い段階で、ミスを報告をしたという行動〟を評価します。**

頭に血がのぼり、怒鳴りつけたくなるのをセーブして、「よく言ってくれた、今ならチームみんなで協力して、乗り越えられるだろう」「早い段階で報告してくれてよかった。あとの処理については私が引き受けよう」。

こんなふうに声をかけることができたら、それだけで、悪い報告がすぐに上がってくる確率は格段に上がります。

そして、再び同じ過ちをおかすことがないよう、ミスが起きた原因やプロセスを聞き取り、解決策を考えます。

「もう二度とするなよ！」「慎重にやってくれ！」といった曖昧な指導では、ミスやクレームの抑制にはつながりません。

必ずMORSの法則に沿った具体的な「行動」で伝えます。

〝今後やってはいけない行動〟〝改善が必要な行動〟〝追加すべき行動〟に分類して考えると、指示する側も指導される部下本人も、問題点とやるべきことがはっきりするかもしれません。

Chapter 3-3

いろいろな部下への対応の仕方

新人への指示は細かく！ 評価はすぐに！

若い人たちの育成や指導について話題にするとき、必ず取り沙汰されるのが〝ゆとり世代〟の存在。詰め込み教育への反省から学習指導要領を改訂した〝ゆとり教育〟を受けてきた彼らは、競争や葛藤をあまり経験することなく育ったので、ちょっとしたことで心が折れ、すぐに会社を辞めてしまう人も多いと言われています。

そこで、価値観や感覚がまったく違う人たちを、どのように指導していいのかわからない、とおっしゃる方が多いのですが、たとえ価値観や感覚が違っても人間の行動の原理は基本的には変わりません。

ですから、ほかの世代の部下と同じように、〝成果を上げる望ましい行動〟を教え、それを実行し続けられるように支えていけば、自発的に行動する社員へと育っていくのです。

たとえば、「報連相」に関して、ちょっとした配慮をすると、よりスムーズになるというポイントがあります。

ひとつめは、指示をより具体的にすること。

業務のやり方は、それこそ子どもを初めてのおつかいに送り出すときをイメージして、「こんなことまで、いちいち言わなければいけないのか⁉」と思うぐらい丁寧に。報告の仕方も、締め切りの日時や報告の形式など具体的に指示します。

彼らは総じて、とても素直なので、自分がやるべきことがはっきりしたら、きちんと行動してくれます。

もうひとつ「報連相」で大切なのは、即座にほめること。

なぜなら彼らの多くは、子どもの頃からコンピュータゲームを通じて、自分がアクションを起こすと、即座に〝ポイントがもらえる〟〝ヒントが手に入る〟〝次のステージへ進める〟といったごほうびが受け取れるという経験を繰り返してきたからです。

ゆとり世代はとにかくすぐにほめる。ほめることが見当たらないときは、報連相してきたことをしっかり評価してあげましょう。

≫年上部下との関係をスムーズにする方法

バブル経済の崩壊、企業のリストラの拡大を経て、ビジネスのグローバル化が本格的になったことで、日本で長年続いていた年功序列システムはすっかり崩壊。

それにともない、あらゆる業界・業種で、リーダーが〝年上の部下〟を持つことが珍しくなくなりました。

そのため、年長の人間を上司としてマネジメントすることに対する悩みを抱えるリーダーが急増しているようです。私自身も多くの方々から相談を受けるようになりました。

〝年上部下〟の問題は正社員だけではありません。

「リーダーとして配属された先に、業務について何もかも知り尽くしたベテランのパートさんがいて、その業務内容に関する経験も知識も浅い自分は、リーダーであるにもかかわらず軽んじられている。そのパートさんはもちろん、チーム全体のマネジメントもうまくいかない…」といった悩みもしばしば耳にします。

しかし、日本のビジネスパーソンは少々考えすぎなところがあります。ビジネスにおいて年長者を敬うという文化がないアメリカでは、年上の部下の扱いに関する悩みなど、聞いたことがありません。仕事は仕事。粛々と進めていけばいいのです。

とはいえ、年長者に敬意を払うという日本の文化は尊重すべきものです。まずは、敬語を使って話すことを心がけてください。

指示を出すときには、「これをやれ」と命令するのではなく、「これをお願いします」というふうに〝依頼するというスタンス〟をとるとよいでしょう。

和彩さんも、益子さんを人生の先輩として尊敬するとともに、その経験や人脈が価値あるものだと言葉にすることで、関係性が一気に改善されたようです。

よろしくお願いします！
いろんな情報を提供してくれてありがとうございます！
と、とんでもない

Column

ちょっとひと休み その4
日報には必ず フィードバックを

あなたは部下の日報をどんなふうにチェックしていますか。

「何も書いてない、この30分は何してた？」とあら探しをしたり、書かれている内容にケチをつけたり…。

そんなことでは、本人にとって“日報を提出するという行動”はデメリットばかりになってしまいます。

もし指摘したいところがあれば、まず最初によいところをほめたり認めたりしたうえで、アドバイスをしましょう。

ほめるところがひとつもない⁉　いいえ、その部下は少なくとも“日報を書くという行動”は実行しているのですから、まずはそのことを評価すればよいのです。

もうひとつ大事なのは、その日のうちに必ず目を通し、何かしらのフィードバックをすること。

「出せというから出しているのに、なんの反応もない…」というのでは、日報の質は下がる一方。

日報にすらフィードバックをしてくれないような上司に、大事な報告や重要な相談をしたいと思う部下はいないでしょう。

Chapter

4

チームの成果を上げるためにできること

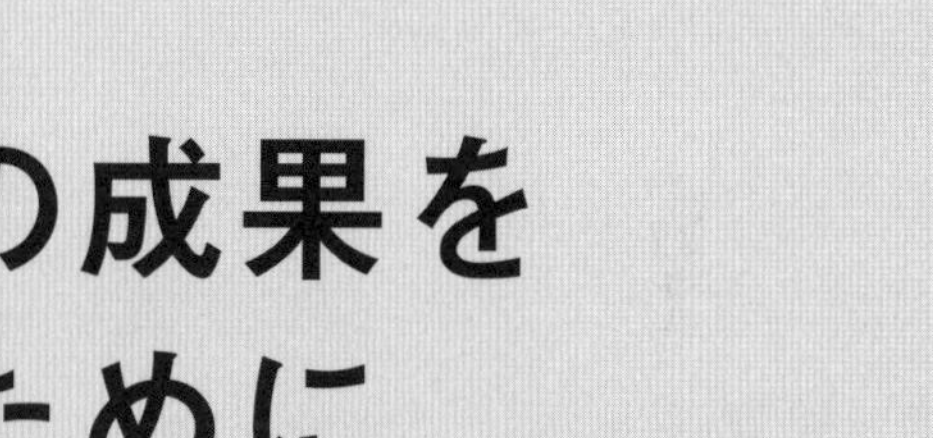

Story4 働く喜びに満ちた職場とは？

わかりました
協力しましょう
ぱあぁ
ありがとうございます!!
がしっ
――その代わりといってはなんですがちょっとお聞きしたいことがあったんです
なんでしょう?
そちらの部署内での会議が最近かなり減っていると小耳に挟みました
それもやはり忙しすぎてできてない感じなのですか?

いえ、必要な会議はちゃんと行っていますよ
ただ本当に必要な会議のみを行動科学の手法で機能的に行っているんです
行動科学!?興味深い話ですね
ささっ
具体的には？
まず会議をこんな感じで3つのグループに分類します
トップダウン型
指示、命令やミッションを伝達する
なるほど
ボトムアップ型
指示に対する部下からの報告や進捗を確認する
フム…
全員参加型
問題解決やブレストのために全員がフラットに情報を共有検討する

日頃行われている会議をすべて棚卸しします
・○○企画会議　・××検討会
・△△定例会　・朝礼
・ブレスト　・月2回○×会議
etc etc….
そしてさっきの3つの分類に割り振っていきます
トップダウン型
・朝礼
・水曜の定例会
ボトムアップ型
・月2回の営業作戦会議
全員参加型
・アクションプラン検討会
・ブレスト
分類することでそれぞれの会議の狙い目が浮き彫りになります
ですので同じような報告をしている会議が繰り返されているようならどちらかを止めてしまうのも手ですね
さらにそれぞれの会議でも型ごとのポイントがあります
どんなポイントがあるんですか？

トップダウン型でいえば
1回の会議で伝えるポイントは3つまで!!
教えるポイントは3つに絞る
トップダウン型
それ以上だと極端に浸透の度合いが下がってしまうんです
ついついあれもこれも伝えたくなってしまうが
もやん
ガミ
あれもこれもそれも
ガミ
絞るのが大切ということか…
ボトムアップ型の場合は報告には必ずフィードバックを行います
報告には必ずフィードバックを
無事目標達成です!
訪問件数を、2倍にしたのがよかったな!
ボトムアップ型
目標を達成していたらきちんとほめます
未達成や失敗の報告だったら…?
それでも報告したという事実は認め
目標と現実のギャップをどうすれば埋められるかアドバイスを与えます

全員参加型の会議の場合は
この手の会議は時間をかけても結論が出ないことがしばしばあります
参加者全員が目的・ゴールを明確に理解する
そうならないように目的やゴールを参加者全員が理解できる明確な表現で示しておく必要があります
全員参加型
最初にそれをやっておくわけですね
なるほど
そのうえで全員が活発に意見交換することが重要ですから
誰かの発言を否定することは絶対やめて
どんどん発言してもらえるまで促すんです
いや～勉強になりました
そんな…
恐縮です…
全部近藤さんの受け売りですから

マーチャンダイジング部
ガラ
わっ もう こんな 時間!?
22：30
何か お菓子でも 入ってなかった かしら…
ガラッ
お待たせして 申し訳ございませんでした。 ご指導のおかげで企画書を まとめることができました。 いつもありがとうございます。
鬼澤
あ
お待たせして 申し訳ございませんでした。 ご指導のおかげで企画書を まとめることができました。 もありがとうございます。
ニャー
鬼澤
これ なかなか 捨てられないのよねぇ…
たまに見ると 励まされるし…
クスッ
ピン

そーだ！
ピポパ ピポパ
マスター？
今、近藤さん来てますか？
——あ、じゃあ今から行きます
BAR MOONSHOT
ザザ
へー
いいですねー！！
そうなんですよ
感謝されるのって誰でもうれしいですし
だから、こういったことを何か仕組み化できないかと思って
それならいい仕組みがありますよ

THANK YOU CARD
部
さんへ
DATE
部
より
サンキューカードです
コピー用紙などで名刺大の大きさに「サンキューカード」という名称で「宛名」「感謝する内容」「差出人」を書き込む欄を印刷してメンバーに配るんです
へえー
そして感謝のネタを見つけるたびにその場で書き込んで相手に渡します
どんなことでもいいんですか？
ええ、大きなことから些細なことまで何でもかまいません
片付けてくれてありがとう
戸閉まりいつもありがとう
○○会議のときフォロー助かりました
コーヒーおごってくれてありがとう
なるほど…

日々の行動を誰かが見ていてそれにプラスのフィードバックをしてくれる
それって時に価値の高い報酬になるんですよ
でも恥ずかしがったり面倒臭がって書かない人もいそうですね…
ですので最初は「1日2回以上出すこと」などのルールを定めてもいいかもです
わかりました！早速やってみます
ぜひ！
こういった「非金銭的報酬」こそがメンバーが自発的・積極的に仕事に取り組み
高いパフォーマンスを発揮するための職場に欠かせないものなのです
非金銭的報酬ですか…

トータル リワード
「トータル・リワード」という概念があります
金銭的な報酬以外の達成感や成長感、仲間との一体感や報われた感覚などを含めた、総合的な報酬という意味です
そのトータル・リワードが大切だと？
ええ
もし金銭的報酬だけが喜びだとしたら人は給与やボーナスだけで職場を選び そしてお金目当てでしか努力しないはずです
お金がすべて!!
しかし実際はそうではありません
そうですね
「この仕事をしてよかった」「このチームにいてよかった！」という思いこそが 働く行動を自発的・積極的にするんです

――じゃあ
今日はそろそろ
ガタッ
ありがとうございました
明日もよろしければ寄ってくださいね
ハハハ
君と話したいから時間つくってでも来るよ
ホントですか？
なんか照れちゃうなーっ
カランコロン
あのお客様にすごく気に入られているね
君の顔を見たいってお客様も増えてきてるし感謝しているよ
そんなそんなっ!!

ありがとうございます!!
あの新人君も仕事楽しそうですね
ええ
上司の大きな役割はチームのメンバーたちに非金銭的報酬を積極的に提示することですから
――っ
私の…役割…
1人ひとりを大切なパートナーと考え総合的に報いていく
そうすればチームは今よりさらに活性化し、業績も自ずとアップしていくもんですよ

トータル・リワード6つの要素【承認】存在を認め、感謝する心

はい どうぞ！
THANK YOU CARD
サンキューカードですね ありがとうございます
小さなことでも見てくれていてうれしいです
プレゼンも一緒にがんばりましょう！
給料をもらっているのだから、がんばって当たり前、上司の指示どおり動くのは当たり前といった態度は捨て「一緒に仕事ができてうれしい」という気持ちを具体的に示す

トータル・リワード6つの要素【均衡】ワーク・ライフ・バランスへの配慮

そろそろお迎えの時間じゃないです？
あ、本当
何か手伝えることがあったら言ってくださいね
助かります!!
メンバーの家庭事情など把握し、仕事と生活のバランスを保てるように気を配る

トータル・リワード6つの要素【文化】連帯感がありのびのび働ける風土

そうそう
糸数さんのマーケティングデータ抜けがあったの見つけたので
補足資料を送っておきました
本当ー!?
ありがとう
ウィンナーあげちゃう
やったー
オープンで風通しのよいチームで
部下、上司の垣根を越えて
アイディアや率直な意見が言える
ウインナーいいなぁ…
あははは

トータル・リワード6つの要素【成長】成長機会の提供

鬼澤さん、こういうセミナー興味あるんじゃない?
勉強になりそうですね
行っていいですか?
もちろん!
学んだことを社内にも広めてくれる?
・研修やセミナーに参加する
機会を提供するなど
部下の成長を促す
・部下の仕事のサポートをして
成功体験を積ませ
成長の様子を本人にわかる
表現できちんと評価する

トータル・リワード6つの要素【環境】労働環境の整備

- オフィスを居心地よく働きやすい環境に整える
- 事務用品や文房具の整理のほか、使いやすいパソコンや最新のソフトウェアなど業務の効率化に必要な備品を揃える

トータル・リワード6つの要素【骨組み】具体的な指示や指導

- 正しい仕事の進め方を指導しプロジェクトの骨組みをしっかり伝える
- 結果につながる具体的な行動を明確に指導する

そして糸数たちは
チームでの
役員プレゼン準備の
大詰めを迎えていた
バタ
バタ
チッ
チッ
チッ
えー!!!
びくっ
どうしたんですか!?
プス
プス
パ、パソコンが壊れちゃったみたい…
起動もしないのよ
ということは明日のプレゼンのスライドデーターは
~~~っ
サーーッ
いちからつくり直すと間に合うかどうか…
ページごとにバラバラにつくるわけにはいかないし
あの
~~~

これ使えませんか？
子どものらくがき用に持ち歩いていたんですけど
スケッチBook
アナログならパッと見てわかるしみんなで協力してつくっていけるんじゃないですか？
いいですね!!
でも必要な情報や数値も全部消えちゃったのよ
それなら大丈夫です
全部ココに入ってますから
グラフやイラストならお任せください
キュポッ
手書きの紙芝居形式での役員プレゼンなんて斬新じゃないですか！

さあ、そうと決まればさっそくはじめましょう
僕が必要な要素を書き出していきます！
じゃあそれを見て私は紙面の配分を考えますね
僕は別の紙を使って描けるものから描いていくから
あとでスケッチブックにのり付けしましょう
今日、子どものお迎え頼んどいてよかった～
こういうの久々でなんだか興奮しちゃう！
――ってごめんなさいはしゃいでる場合じゃないですね
フフフ
ありがとうございます!!
私の責任なのに…！

何言って
いるんですか！
そう
僕たちは
チームですから
メンバー1人の
トラブルは
みんなのトラブル！
みんなで
解決すれば
いいんですよ！
私は？
私にできる
ことは？
スケッチブックの
用意ができるまで
仮眠しといて
ください
そんな
泣き顔のままの
プレゼンじゃ
印象よくない
ですよっ！
ポロ
ポロ
——っ
ありがとう…
みんな
本当に
ありがとう
ほらほら
泣かないの

Chapter 4-1

成果を上げるための「会議」に

会議を分類すれば、その目的が明確に

本来、会議というのは組織で目的を達成するための手段であるはずです。

ところが、どの職場でも「今日の会議も意味なかったよなぁ」「この忙しい時期に、会議とかホント迷惑なんですけど…」といった不満の声が絶えることはありません。

そんな不毛な会議が、いつまでたってもなくならない大きな理由のひとつが、「会議」というものの定義の曖昧さにあると私は考えています。行うべき具体的な「行動」がはっきりしていないからこそ、〝会議を開いた〟という既成事実をつくっただけで満足している人たちがたくさんいるわけです。

そこで提案したいのは、和彩さんのチームが行ったような、会議の分類。現在行われているさまざまな会議を分類し、〝成果の上がる会議体系〟をつくり上げるのです。

ひと言で「会議」といっても、その狙いはさまざまです。

たとえば、チーム全体でひとつのプロジェクトに取り組むとき、スタートからプロジェクト完了までの間、さまざまなタイプの会議が必要ですが、それらを〝主な情報の流れ〟に着目すると、3種類に分類することができます。

ひとつめは、プロジェクトを開始するにあたっての会議。ここで必要なのは、プロジェクト概要や方針の説明やメンバーに対しての指示命令など。情報の流れは上から下へ、つまりトップダウンです。2つめは、プロジェクトが動き出したら、**リーダーからの指示命令に対する部下からの報告や、現場で入手した情報の集約が必須なときの会議です。**この会議での情報の流れは下から上ですから、ボトムアップ型となります。

3つめは、課題や問題を解決するために行う会議はトップダウンでもボトムアップでもなく、**参加者全員で遠慮なくアイディアを出し合い情報を共有し合うものです。**

このように、情報の流れによって分類すると、会議の狙いとやらなければいけない行動が浮き彫りになってくるのではないでしょうか。

1 トップダウン型（情報は上から下へ）

リーダーからの指示命令、意思伝達、連絡、会社が掲げたミッションの解説、プロジェクトの趣旨説明など。

2 ボトムアップ型（情報は下から上へ）

リーダーが出した指示命令に対する部下からの報告、進捗状況の確認、マーケットの現状の報告など、現場で起きていることをリーダーが把握するための会議。

3 全員参加型（情報を全員で共有し検討）

問題解決、意見交換、情報分析、ブレインストーミングなど、上司・部下の枠を取り払い、全員がフラットな状態で自由に発言するタイプの会議。

さて、ここからは分類の仕方についてお話ししましょう。最初に、日頃あなたのチームで行っているさまざまな会議を、思いつく限りすべて書き出します。次に、それぞれの会議が「1 トップダウン型」「2 ボトムアップ型」「3 全員参加型」のどれに属するかを見定めてください。

　たとえば、月曜朝イチの会議が「1」と「2」の両方を含んだものであれば、表の1に「月曜朝イチ会議（後半）」、2の欄に「月曜朝イチ会議（前半）」といったふうに書けばよいでしょう。こうすると、〝月曜の会議は前半は現場の情報の報告、後半はリーダーからの指示〟というように、会議の骨格が明確になります。

　同じ分類の中に、似たような会議があれば、どちらかをやめてしまうというのもいいでしょう。もし「この会議は1かな？　でも2のような気もするし、時には3みたいな感じにもなるし…」と、分類しづらい会議があれば、それは〝なんとなく習慣で集まっている会議〟かもしれません。本当に続ける必要があるのか、検討を。

トップダウン型
・朝礼
・水曜の定例会
ボトムアップ型
・月2回の営業作戦会議
全員参加型
・アクションプラン検討会
・ブレスト
分類することでそれぞれの会議の狙い目が浮き彫りになります
ですので同じような報告をしている会議が繰り返されているようならどちらかを止めてしまうのも手ですね

≫タイプ別・会議のポイント

3つに分類をした会議それぞれのタイプによって、注意しておくとよいポイントがいくつかあります。

1 トップダウン型会議 …リーダーがチームメンバーに向けて〝意思や戦略〟〝行動してほしいこと〟〝決定事項〟〝連絡事項〟などを伝えるのが主目的の会議

●抽象的な表現や曖昧な言葉はダメ

連絡事項や指示などリーダーからの伝達の最終目的は〝部下がこちらの望む行動をしてくれること〟ですから、その内容を具体的な行動の形で示しましょう。

●1回の会議で伝えるポイントは3つまで

4つ以上のことを一度に伝えると、聞き手への浸透の度合いがガクンと低下してしまうので、必ず3つまでに絞ること。

●聞き手の頭の中にフレームをつくってから話し始める

思いついた順にダラダラ話すのではなく、「今日は例のプロジェクトに関する〝期日の件〟〝他部署との連携について〟そして〝経費清算の注意点〟の3点についてお伝えします」というように、最初に伝達内容の骨組みを明らかにしておくと、聞き手があらかじめ頭の中に3つのフレームをつくるため、理解が深まります。

2 ボトムアップ型会議 …業務の進捗状況、リーダーからの指示命令を受けての行動、現場で入手した情報など、部下からの報告を受けるのが主な目的。会社の戦略と現場の状況やニーズとのすり合わせをするためにも重要な会議

●報告には必ずフィードバックを

人間は自分の行動の結果、メリットがあればその行動を繰り返します。ですから、このタイプの会議では、部下の報告に必ずフィードバックすることが重要。目標どおりの行動をしたら、きちんと評価してください。

●マイナスの報告にはアドバイスを

「できなかった」「失敗だった」といった報告に関しては、まず報告してくれたこと自体を評価したうえで、目標と現実とのギャップをどうしたら埋められるかアドバイスをします。必ず当日か翌日中にはフィードバックを。

●求めている報告内容を事前に示す

どのような報告を求めているのか、あらかじめリーダーが具体的に示しておくと、報告の精度や質が

高まります。

3 全員参加型会議…問題解決のためのアイディアを出し合う、新企画を考える、今後のチームの方向性を決める、など参加者全員で情報や意見を交換し合う会議

●会議のゴールを全員で共有

いくら時間をかけても結論が出ないのは、多くの場合、参加者が会議の目的やゴールをきちんと把握していないことが原因。その会議の位置づけや達成したい課題などを、全員が常に意識できるよう、ホワイトボードなどに明記しておくことがおすすめです。

●否定的なことは口にしない

このタイプの会議では、より多くの意見が出ることが重要。部下の発言に対して、たとえば「それは無理でしょ！」「もうちょっと考えてから発言してくれる？」といった否定的なことを言わないようにしましょう。

●事前に社内ＳＮＳなどで情報を共有しておくのも◎

限られた会議の時間をできるだけ意見交換に割り振るため、前提となる情報は紙の資料や社内ＳＮＳで事前に配布などしておくとよいでしょう。

Chapter 4-2

「サンキューカード」で認める・ほめる

職場を活性化し、働く意欲を高める

サンキューカードは、私がコンサルティングや研修をしている多くの企業でも導入されていて、〝職場の雰囲気がよくなることに加え、業績も上がった〟という報告をよくうかがいます。

人はみな「誰かの役に立ちたい」という思いを持っていますから、感謝されて嫌な気持ちになる人はいません。しかもそれが職場の仲間や上司からであれば、チームのためにもっと貢献したいという意欲が高まり、自発的に行動するようになるでしょう。

今や全国各地の企業で取り入れられているサンキューカードですが、「導入してしばらくは、みんな盛んにカードをやりとりしていたが、いつしかペースダウン。今ではほとんど見かけなくなって…」といった話を聞くことがあります。その原因はおそらく〝書くのが面倒〟という点にあると思います。**書くためのハードルを低くするためには、カードを名刺サイズにすることです。**

そうすれば、ポケットなどに入れていつでも持ち歩けるので、思いついたときにすぐ書けますし、相手へのメッセージを書くスペースが大きくないので、文章があまり得意でない人でも、気負わずに書くことができます。

恥ずかしがってカードを使わない人もいるはずなので、「1日に必ず2枚以上渡すこと」といったルールを設定するのもおすすめ。〝サンキューカードを渡すという行動〟を「強化」するために、〝来週の金曜日までに、もっとも多くサンキューカードを渡した人には、商品を差し上げます〟というキャンペーンをしている会社もあるようです。たくさん〝カードをもらった人〟ではなくたくさん〝渡した人〟を表彰することは、サンキューカードの定着にとても効果的です。

サンキューカードがうまく回り始めると、メンバーにとって、お金や休日をもらうのと同じくらい、ひょっとしたらそれ以上の楽しみになるかもしれません。

Chapter 4-3

働く喜びをすべてのメンバーに

≫これからの報酬の形「トータル・リワード」

上司から「キミのおかげだよ」と言ってもらえた。「あの難局を乗り越えたおかげで、ちょっぴり進化できたかも」と自らの成長を実感した。チームで大きなプロジェクトのプレゼンを勝ち取り、全員でハイタッチしながら喜んだ。今までできなかったことが、ようやくできた。

こうした〝報われ感〟は、働く人の行動を自発的、積極的にしてくれます。

この人間の真理に着目し、アメリカで生み出されたのが「トータル・リワード（総合的な報酬）」と呼ばれる概念。今や全米の多くの企業で重要視されています。

「報酬」と聞いてすぐに思い浮かぶのは、給料やボーナスといった金銭的な報酬だと思いますが、〝それに加えて、お金では得ることのできないさまざまな〝報われ感〟を与えることこそが大切だ〟というのがトータル・リワードの考え方です。

リーダーに実践していただきたいのは、部下1人ひとりを〝仕事のパートナー〟として大切にしながら、彼らに「この会社で働いていてよかった!」と思ってもらえるような非金銭的報酬を積極的に提供することです。

人は〝自分のことを大切にしてくれる人〟のために貢献したい、能力を発揮したいと考える生き物ですから、このトータル・リワードという仕組みは大変、理にかなっています。社員の〝報われ感〟や働きがいに対して無関心な企業は、これからの時代、社員たちの心をつなぎとめておくことも、彼らの能力を十分に引き出すこともできないでしょう。お金の力だけに頼るのは止め、社員にとって真に魅力的な報酬を与える方法を真剣に検討すべきです。

≫トータル・リワードの6要素

トータル・リワードの実践方法を簡単にご紹介していきましょう。アメリカで活用されているトータル・リワードは、5つの要素で構成されていますが、私は行動科学マネジメントの観点から、もうひとつ要素を加えています。

A　承認（Acknowledgement）…存在を認め、感謝する心

チームのメンバーを仕事の大切なパートナーとして無条件に承認すること。具体的には、部下を「ほめる」「感謝する」がこの〝報酬〟のメインです。「一緒に仕事ができてうれしい」という気持ちを、言葉や態度で具体的に示しましょう。

B　均衡（Balance）…ワーク・ライフ・バランスへの対応

〝子育て〟〝家族の介護や看護〟といった事情を抱えた部下への配慮は、（男・女を問わず）大事なチームメンバーに報いるために絶対に欠かせない要素。また、これからは勤務形態などフレキシブルな対応が望まれます。趣味や娯楽、ボランティア、勉強、家族との時間など、部下が大事にしているオフタイムの活動を理解・尊重することも必要です。

C　文化（Culture）…連帯感があり、のびのびと働ける職場風土

仕事に関して何でも自由に話し合え、部下から上司に対しても率直な意見やアイディアを言える。また、役職や立場を超えて、メンバーがお互いに認め合い、ねぎらい合える。派閥間の争いや、足の引っ張り合いがある陰湿な組織では、人がいきいきと働くことはありません。

D　成長（Development）…成長機会の提供

人は誰でも成長したいという欲求を持っていますから、〝成長できた〟という実感が得られることは、非常に大きな報酬になります。部下の仕事をさりげなくサポートし成功体験を積ませる、研修やセミナーに参加する費用や時間を与えるなど、リーダーにできることは数多くあります。そして少しでも成長が見られたら、本人にしっかりわかる表現で評価してあげましょう。

E　環境（Environment）…居心地のよい職場づくり

快適で働きやすい環境であることも、社員にとって重要な要素。業務の効率化に必要なスペックを満たすパソコンやオフィス機器、最新バージョンのソフトェアなどを整備することも大切です。

F　骨組み（Frame）…具体的な指示や指導

アメリカの報酬に関する教育機関World at Workが提唱しているトータルリワードの要素はAからEの5つですが、私は行動科学マネジメントの側面から、もうひとつ重要な要素があると考えています。それは、正しい仕事の進め方を具体的に指導し、結果を出すためにどのような行動をとるべきかを、明確に示すことです。「何のためにやるんだろう……」、そんな思いを抱きながら働くことは、苦痛以外のなにものでもありません。

これまでの報酬とトータル・リワードの違い

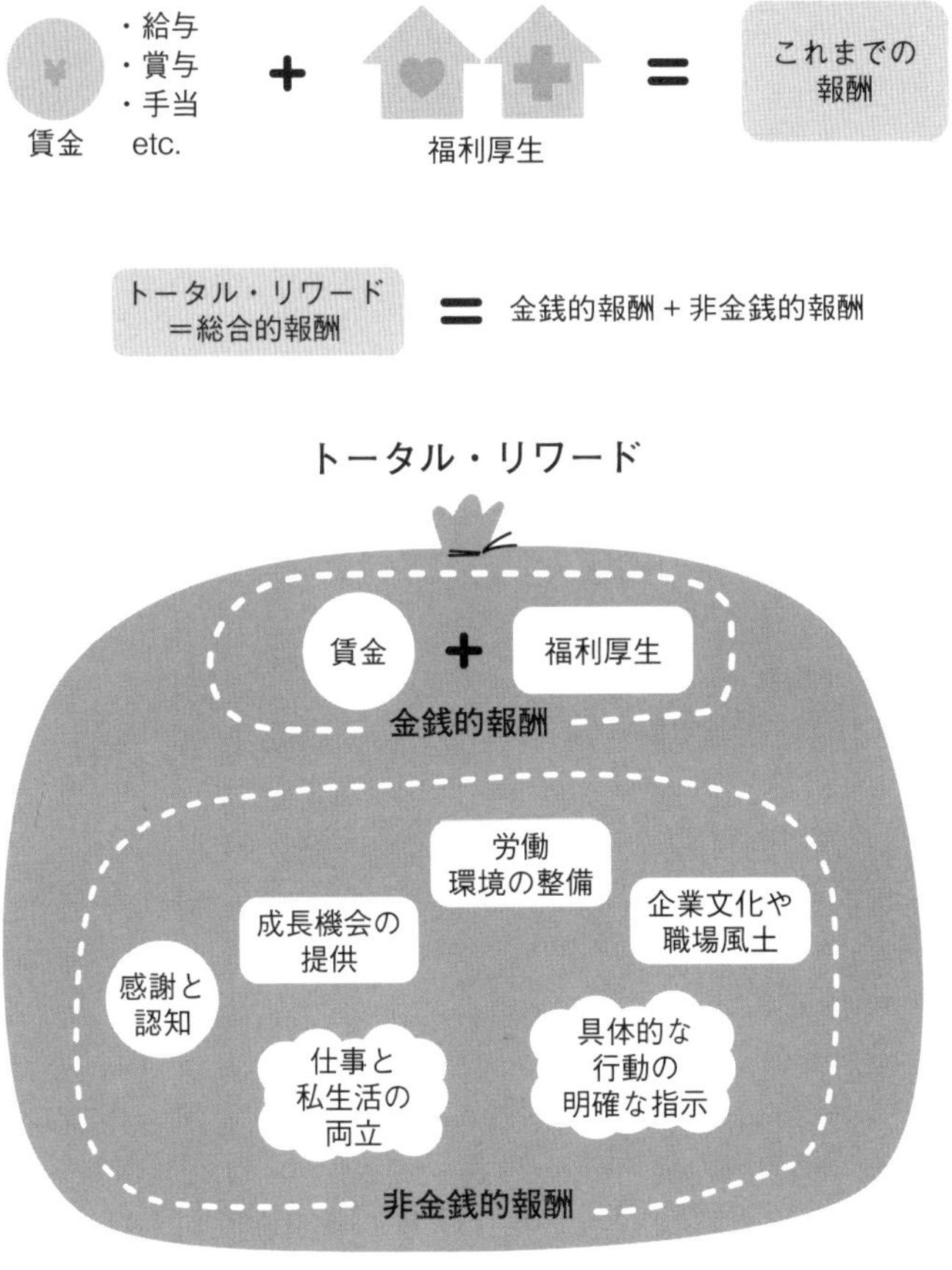
賃金
・給与
・賞与
・手当
etc.
福利厚生
これまでの
報酬
トータル・リワード
＝総合的報酬
金銭的報酬 + 非金銭的報酬
トータル・リワード
賃金
福利厚生
金銭的報酬
労働
環境の整備
成長機会の
提供
企業文化や
職場風土
感謝と
認知
仕事と
私生活の
両立
具体的な
行動の
明確な指示
非金銭的報酬

Column

ちょっとひと休み　その5
特定のメンバーばかりをほめないこと

「成果につながる望ましい行動」は、どんどんほめて「強化」する。それによって人もチームも育ちます。

ただし1点気をつけていただきたいのは、ほめる回数がメンバー間であまり偏らないようにすること。

メンバーのあなたに対する信頼が厚ければ厚いほど、不公平感やいわゆる“えこひいき”はチームに対してマイナスの影響を与え、最悪の場合、チーム内に亀裂を生じさせることにもなりかねません。

リーダーも人間ですから、自分の指示に素直に従ってくれるメンバーや、勘が鋭くてこちらの意図を素早く読み取ってくれるメンバーほど“ほめる回数”は多くなるはず。

ですから“公平にほめるのは難しい”ということを前提にしたうえで、まずは全メンバーについて、ほめた回数や話しかけた回数を記録してみるのです。

その結果、ほめる回数が少ない部下については、ほかのメンバーよりもさらに注意深く観察して、小さな成果や成長を見つけたら短い言葉でいいからすかさずほめる、という習慣をつけていきましょう。

Epilogue

教える技術を身につけて本物のリーダーに！

Story5 チームは私にとって大切なもの

──半年後
えー このたび
糸数課長が しばらくの間 休職することに なった
ええー!?
せっかく 新ベビー服商品の WAKABAも 軌道に乗ってきた ところなのに!?
実は… ── 妊娠して いるんです
出産のために お休みを いただきたくって
というか 結婚して たんですね…
お相手は 誰かしら…
ポカーン

一定期間とはいえ仕事や職場を離れるのは正直寂しい気持ちでいっぱいです
それだけこのチームは私にとって大切なものです
でもこのチームのみんなになら安心してここのことを任せられます
赤ちゃんのことが落ち着いたら必ず戻ってきます
それまでどうかよろしくお願いします
ペコ
これでママ友にもなれますねっ
パチ
パチ
パチ
おめでとう
元気な赤ちゃん産んでくださいね
パチ
そういうことなら任せてください
何も心配いりません

BAR MOONSHO
close
ここにいたらお酒飲みたくなっちゃうんじゃないですか？
そんなことないわよ
今は赤ちゃんのことが一番だもの
これ見て！
じゃ
ん
うちの新作サンプルよ！
へぇ〜可愛らしいですね
肌触りもよさそうだ
でしょ！

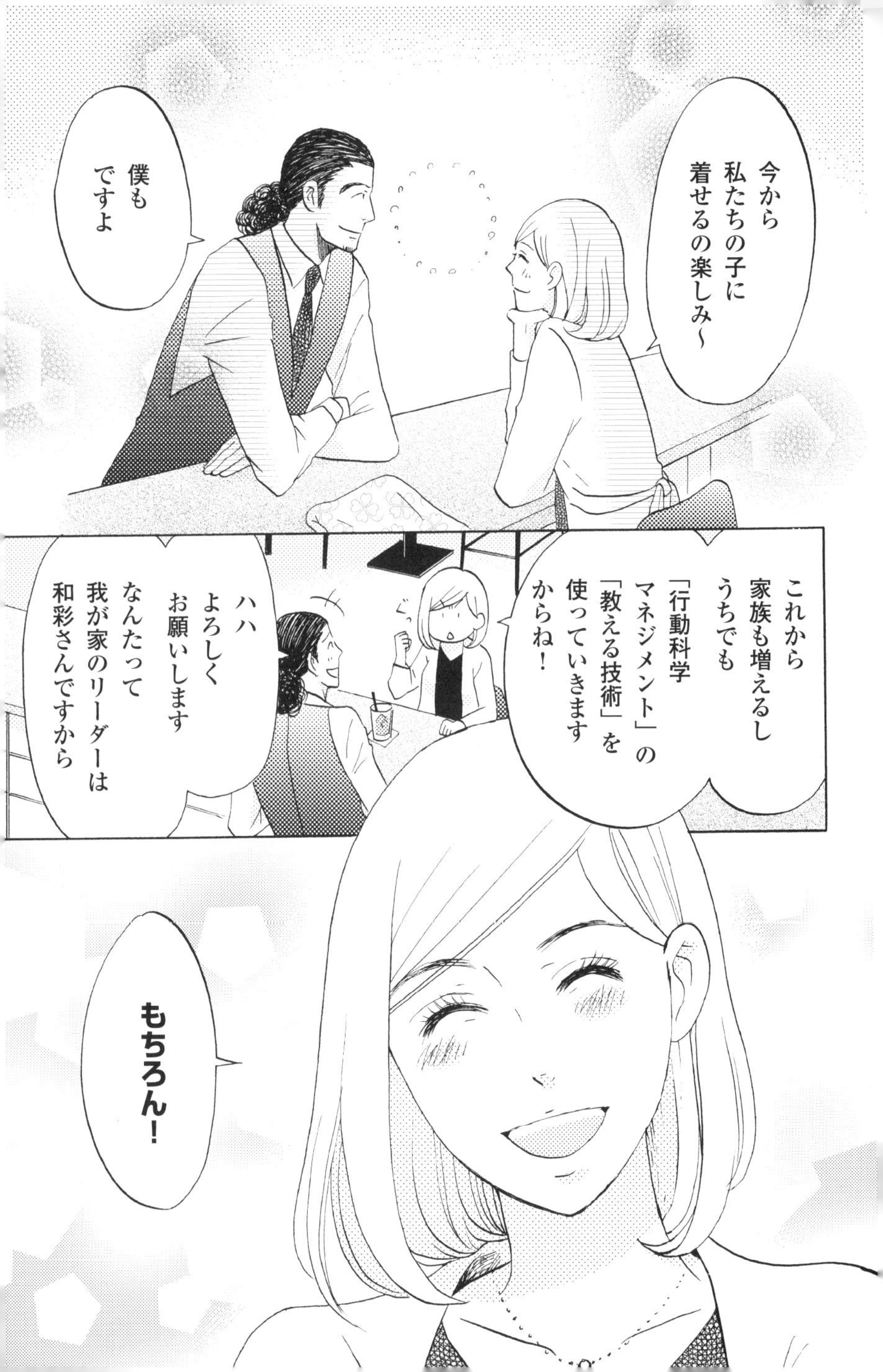
今から私たちの子に着せるの楽しみ～
僕もですよ
これから家族も増えるしうちでも「行動科学マネジメント」の「教える技術」を使っていきますからね！
ぐっ
ハハよろしくお願いしますなんたって我が家のリーダーは和彩さんですから
もちろん！

おわりに

「教える技術」の実践により、コミュニケーションの数を増やしながら、部下の「行動」に対する評価やフィードバックをきちんと行うようになった和彩さんは、メンバーたちからの信頼を獲得。それまであまり成果を出せていなかったチームは、誰もが自発的に行動する、活気に満ちたチームへと変わり始めました！

いったん産休に入るわけですが、復帰後も和彩さんはしっかりとしたチームマネジメントができるはずです。なぜなら「教える技術」はカバンのように持ち運べる〝ポータブルスキル〟だから。どこの部署に異動になろうが、どこの国に転勤しようが、どこでも使えるマネジメント方法です。もちろん、自分の部下にどんな人材が入ってきても大丈夫。

このマンガを通じて、行動科学マネジメントに興味・関心をもたれた方は、ぜひ本書のもとになっている『教える技術 チーム編』や、部下や後輩への仕事の教え方が学べる『教える技術』『マンガでよくわかる　教える技術』もチェックしてみてください。

あなたの率いるチームが、素晴らしいものに発展することを願っています。

【著者紹介】

石田 淳（いしだ・じゅん）

◉——社団法人行動科学マネジメント研究所所長。(株)ウィルPMインターナショナル代表取締役社長兼最高責任者。米国行動分析学会(ABAI)会員。日本行動分析学会会員。日本の行動科学(分析)マネジメントの第一人者。

◉——アメリカのビジネス界で絶大な成果を上げる人間の行動を科学的に分析する行動分析学、行動心理学を学び、帰国後、日本人に適したものに独自の手法でアレンジし「行動科学マネジメント」として展開させる。

◉——精神論とは一切関係なく、行動に焦点をあてた科学的で実用的なマネジメント手法は、短期間で8割の「できない人」を「できる人」に変えると企業経営者や現場のリーダー層から絶大な支持を集める。現在は、日本全国の人材育成、組織活性化に悩む企業のコンサルティングをはじめ、セミナーや社内研修なども行い、ビジネスだけでなく教育、スポーツの現場でも活躍している。日経BP「課長塾」の講師でもある。

◉——『教える技術』シリーズは累計30万部を超えるベスト・ロングセラーに。『教える技術』『〈チーム編〉教える技術』、大判の『〈図解〉教える技術』『マンガでよくわかる　教える技術』(すべて小社)。そのほかの著書に『課長塾続ける課　石田淳の行動科学マネジメント実践ワークブック』(日経BPムック)などの組織マネジメントに関する本をはじめ、セルフマネジメントの指南書『「続ける」技術』(フォレスト出版)、教育書では『子どもの続ける力』(小社)など多数ある。

◉——趣味はマラソンとトライアスロン。

http://www.will-pm.jp/

マンガでよくわかる 教《おし》える技術《ぎじゅつ》2〈チームリーダー編〉〈検印廃止〉

2015年11月20日　第1刷発行
2015年11月21日　第2刷発行

著　者——石田　淳©
発行者——齊藤　龍男
発行所——株式会社かんき出版
東京都千代田区麹町4-1-4 西脇ビル　〒102-0083
電話　営業部：03(3262)8011㈹　編集部：03(3262)8012㈹
FAX　03(3234)4421　振替　00100-2-62304
http://www.kanki-pub.co.jp/

印刷所——ベクトル印刷株式会社

ISBN978-4-7612-7132-9 C0034